JEANNE GANG

L'ART DE GREFFER EN ARCHITECTURE

AVEC DES PRINCIPES POUR AGRANDIR LES MUSÉES
ET AUTRES BÂTIMENTS
AFIN D'EN ACCROÎTRE L'UTILITÉ ET L'AGRÉMENT
EN RÉDUISANT LEUR EMPREINTE CARBONE.
AINSI QUE DES EXPÉRIMENTATIONS
SUR LES NOUVELLES MÉTHODES D'ASSEMBLAGE,
FORT UTILES À L'ARCHITECTE-GREFFEUR, ET UNE PROPOSITION POUR RÉGÉNÉRER
DES TERRAINS INDUSTRIELS POLLUÉS EN Y CRÉANT DES FORÊTS URBAINES.
ACCOMPAGNÉES
D'IDÉES POUR CHANGER LES PERCEPTIONS CULTURELLES
ET DE QUELQUES RÉFLEXIONS PERSONNELLES.

7 AVANT-PROPOS
9 INTRODUCTION

12 I LA GREFFE EN ARCHITECTURE
28 JEUNES POUSSES

30 II AUX RACINES DE LA GREFFE HORTICOLE
43 À CHICAGO, DES OISEAUX ET DE L'ACIER

46 III LE CREDO DE L'ARCHITECTE-GREFFEUR EN DIX POINTS ET CINQ PROJETS
74 COMME L'OISEAU FAIT SON NID

78 IV FORMES ET TECHNIQUES D'ASSEMBLAGE
92 NOTRE-DAME DE LA ZONE CRITIQUE

96 V LA GREFFE APPLIQUÉE EN MILIEU URBAIN : EXEMPLES ET PROJETS
126 COMPAGNE DES ARBRES

130 VI OBSERVATIONS SUR LES FORÊTS ET LEUR UTILITÉ
146 LE SENS DE L'EXERCICE

148 VII DE LA ROUILLE À L'ÉCORCE, UN COROLLAIRE À LA GREFFE URBAINE
165 LA CABANE PRIMITIVE

173 GLOSSAIRE DU RÉEMPLOI DE BÂTIMENTS ET DE TERRAINS URBAINS
176 BIBLIOGRAPHIE
178 BIOGRAPHIE DE L'AUTRICE
179 REMERCIEMENTS
180 CRÉDITS PROJETS STUDIO GANG
183 CRÉDITS ICONOGRAPHIQUES

AVANT-PROPOS
Par Julie Cirelli

À une époque définie par les crises climatiques et par un sens accru de nos responsabilités envers la planète, l'architecture se trouve à un carrefour entre opportunité et devoir. Dans *L'Art de greffer en architecture,* Jeanne Gang invite ses consœurs et confrères à repenser l'édification d'un avenir bas carbone en s'inspirant des théories, des visées et des pratiques de l'horticulture. Dans une perspective plus large, elle les appelle à adopter les principes du soin, au bénéfice des habitants de nos immeubles et de nos villes.

Alors que le discours sur la construction durable se limite trop souvent à un jargon technique, à des solutions d'ingénierie et à des mesures de compensation carbone, ce livre remet en question une perception de l'écologie purement quantitative. Il nous parle de nouer des liens, de découvrir les forêts dans toutes leurs nuances, d'apprécier à sa juste valeur l'art subtil de la greffe, de tirer leçon des interactions ancestrales entre l'humanité et son environnement. Au fil de sept chapitres faisant le tour de la greffe architecturale dans toutes ses dimensions – techniques d'assemblage, bâtiments greffés, intégration de forêts entières dans le tissu urbain –, le rêve d'un monde idéal donne naissance à des actions concrètes. Exploration de la parenté entre les soins accordés aux végétaux et au bâti, cet ouvrage se veut aussi un guide pratique à l'intention des architectes, nourri de dix ans de recherche et d'enseignement par Jeanne Gang à la Harvard Graduate School of Design.

Jeanne nous présente des exemples de ses projets les plus connus et les plus récents – notamment le Gilder Center du Muséum américain d'histoire naturelle à New York et le parc Tom Lee à Memphis – ainsi qu'une nouvelle lecture d'œuvres dues à Lina Bo Bardi, Rafael Moneo, Gunnar Asplund, Carlo Scarpa et bien d'autres. Elle cultive en cela une compréhension esthétique profondément inspirée par la riche tapisserie que composent nos liens avec la nature.

Dans des récits qui s'entretissent avec les chapitres et leur font écho, Jeanne livre des réflexions personnelles sur les moments charnières qui ont façonné son ethos architectural. Comme sur ses toiles de fond pleines de vie que sont Chicago et Paris, elle nous exhorte à aborder le bâti existant et les paysages postindustriels avec la ténacité de l'écologiste et la créativité de l'architecte, elle nous exhorte à aborder le bâti existant et les paysages industriels avec la ténacité de l'écologiste et la créativité de l'architecte.

Ici, loin de se limiter à une métaphore, la greffe architecturale témoigne de la capacité de l'architecture à transcender ses limites traditionnelles. Elle implique de considérer les structures anciennes non pas comme des vestiges du passé mais comme des dépôts de carbone, en nous incitant à poser sur elles un regard nouveau pour leur trouver des utilités nouvelles et les revitaliser. Elle implique de créer des espaces non seulement fonctionnels et beaux, mais aussi porteurs d'un véritable engagement pour des lendemains meilleurs.

INTRODUCTION

La *greffe*, concept porteur de vie dans toutes ses acceptions, désigne en horticulture la technique qui consiste à implanter l'un sur l'autre deux végétaux vivants – un ancien et un jeune – de telle sorte qu'ils se développent comme un seul individu. Née à la fois de besoins et de désirs ancestraux, cette méthode s'est perpétuée jusqu'à nos jours dans le but d'obtenir des variétés plus résistantes, productives et savoureuses. En architecture, la greffe peut offrir une réponse pratique, bien qu'encore sous-exploitée, face au changement climatique. Réalisable rapidement et à grande échelle, elle se fonde sur ce qui est déjà là : le bâti existant.

Après des années de consommation, voire de gaspillage effréné, nous avons l'opportunité, avant qu'il ne soit trop tard, d'entrer dans l'« ère de la sobriété ». Ce moment charnière peut être promesse de créativité et d'union, si tant est que nous sortions de nos habitudes et que nous adoptions des concepts forts pour tracer une nouvelle voie. Le concept de greffe, qui en a tout le potentiel, est applicable à l'architecture dans ses différentes dimensions. Stimulant pour l'imagination, il confère en même temps un savoir-faire nécessaire à des adaptations régénératives, que celles-ci soient tectoniques, programmatiques ou formelles.

Malheureusement, la nécessité de réduire l'impact de l'architecture sur l'environnement, alors qu'elle pourrait être source de création, ne suscite souvent que des considérations techniques. Ainsi, pour réduire l'impact écologique de leurs bâtiments, et même si les calculateurs d'empreinte carbone ne font pas rêver, les architectes pratiquent depuis longtemps l'adaptation de constructions existantes – bien qu'omise dans le discours théorique. Traditionnellement confinée à la conservation du patrimoine, cette activité peut trouver un nouvel élan maintenant que l'on reconnaît l'intérêt écologique et culturel du réemploi. En effet, celui-ci représente 50 à 75 % d'émissions grises de carbone en moins que la construction neuve[1]. Tout bâtiment, qu'il ait ou non du « caractère », peut ainsi contribuer aux mesures d'urgence en faveur de la planète. N'y a-t-il pas là matière à réflexion et à action ? Le but de ce livre est d'enclencher un mouvement.

J'examine dans les chapitres qui suivent la possibilité immédiate de transformer ce que nous avons déjà, qu'il s'agisse du parc immobilier ou de l'écologie de la ville entière. La voie que je propose est en effet plus globale que certaines précédentes démarches « bio-inspirées », destinées à limiter le changement climatique. J'explique en quoi la notion de greffe influence le travail de mon agence d'architecture, du concept jusqu'au musée achevé. Afin d'illustrer la diversité de résultats qu'offre cette approche, je décris également des greffes accomplies par d'autres architectes, même quand ceux-ci, ou les historiens, ne les ont pas désignées comme telles.

Cet ouvrage aborde aussi la régénération que peut procurer la greffe à l'échelle de la ville. Il étudie en particulier des agglomérations frappées par le déclin et la pollution postindustriels, dont l'adaptation requiert des soins particuliers. Afin que ces zones urbaines constituent des porte-greffes robustes, il faut en outre qu'elles atteignent une productivité suffisante pour remplacer leur économie disparue. C'est pourquoi j'explore le potentiel économique et écologique du bois d'ingénierie, matériau de plus en plus recherché. Enfin, le livre incite les architectes à se lancer dans la conception même de forêts. Cette proposition radicale consiste à greffer des forêts d'exploitation sur des sites urbains postindustriels, pour apporter à leurs sols et à leur population les bienfaits de la biodiversité, tout en créant une source d'approvisionnement locale en bois d'œuvre pour la ville future.

Cette vision urbanistique à long terme va de pair avec l'approche architecturale, toutes deux visant à un avenir meilleur par les soins et réparations prodigués à l'existant. Au lieu d'anéantir l'ancien, les architectes-greffeurs se portent à la rescousse de notre héritage avec leur habileté et avec un nouveau regard. En puisant dans la nature féconde, leur imagination crée du neuf.

---

1   Larry Strain, *Ten Steps to Reducing Embodied Carbon*, American Institute of Architects, https://www.aia.org/articles/70446-ten-steps-to-reducing-embodied-carbon.

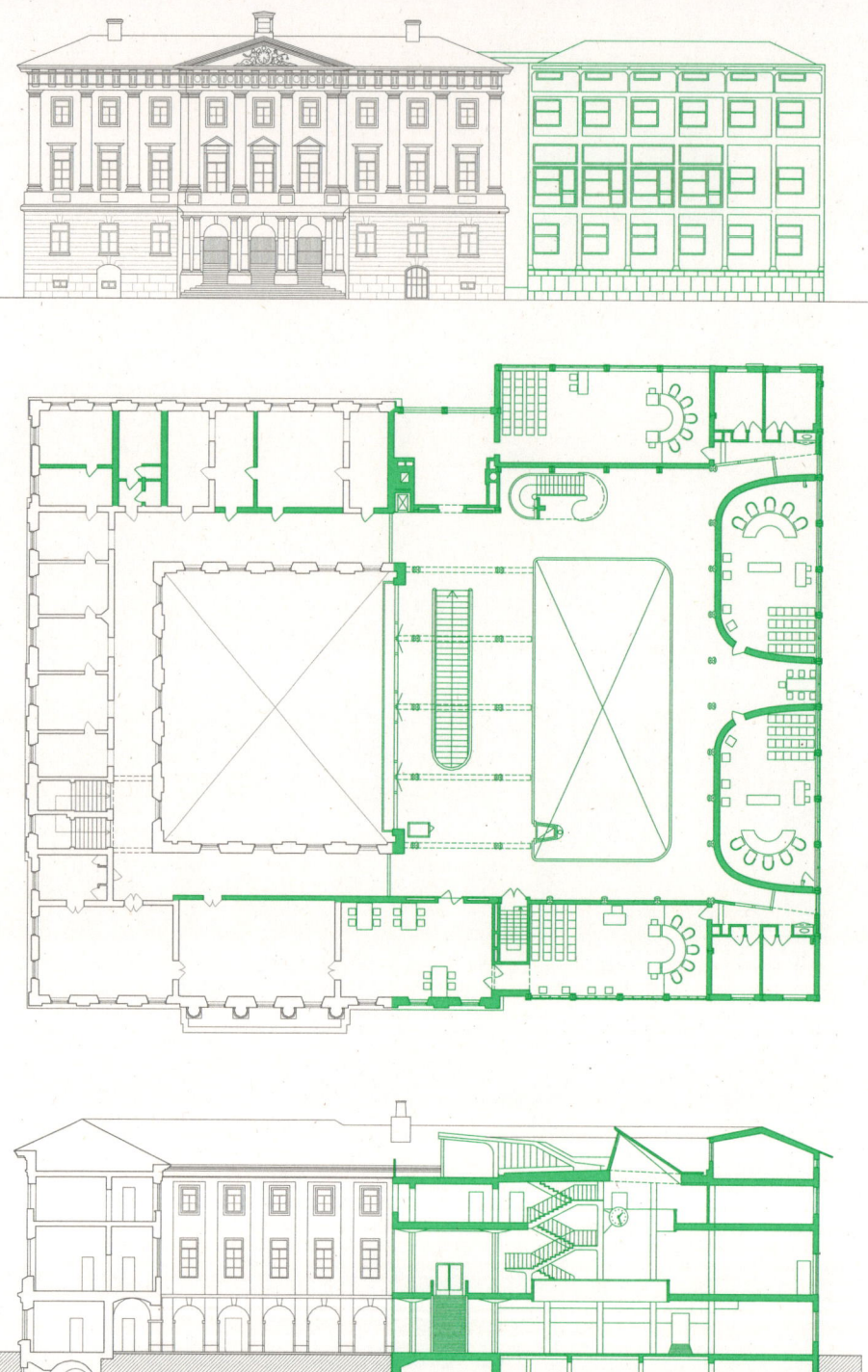

Fig. 1 L'extension que Gunnar Asplund réalise en 1936 pour l'hôtel de ville de Göteborg, construit au XVIIe siècle, répond en toute finesse à l'architecture originelle. Elle en complète les proportions tout en lui apportant des courbes douces et de nouvelles ouvertures, pour faire pénétrer la lumière naturelle.

CHAPITRE I
LA GREFFE EN ARCHITECTURE

Naguère, les imposants plans directeurs des architectes faisaient surgir d'une page blanche des bâtiments entièrement neufs. C'était une solution progressiste aux problèmes de société, pensait-on. Les architectes d'aujourd'hui sont, eux, confrontés à de nouvelles réalités – multiplication des crues et des incendies de forêts, pandémies, extinctions d'espèces et épuisement des ressources. C'est pourquoi ils cherchent dans le monde biologique des modèles plus durables, des modèles de survie. Cependant, ceux-ci manquent souvent de profondeur conceptuelle. Les végétalisations extérieures ou les formes biomimétiques, par exemple, ne produisent qu'un effet visuel, sans réduire les émissions de carbone. Elles n'apportent pas de réels changements inspirés de processus biologiques, tels ceux qui réparent, guérissent ou transforment. Ce n'est pas ainsi que nous, architectes, arriverons à lutter contre le réchauffement de la planète… lequel risque à brève échéance de nous empêcher purement et simplement de construire du neuf.

La réutilisation du bâti existant est une nécessité déjà effective. Mais il faut la pousser encore plus loin. La langue employée en la matière, comme le montrent des termes tels que « rénovation », « recyclage » ou « réutilisation adaptative », n'est ni précise ni spécifique. Il n'est donc pas étonnant que le débat sur le réemploi, qu'il ait lieu en ligne ou dans les hémicycles, puise souvent dans le langage de l'opinion publique. Faute de vocabulaire approprié, Charles III lui-même, alors prince de Galles, qualifiait ainsi de « furoncle » l'extension de la National Gallery, à Londres[2]. Nous manquons également d'une terminologie adéquate pour décrire l'un des plus remarquables exemples d'architecture nordique du XXe siècle, l'intégration habile par Gunnar Asplund de parties modernes dans l'hôtel de ville de Göteborg, construit au XVIIe siècle. [Fig. 1] À ce sujet, on parle habituellement d'« extension », de « rénovation » ou d'« ajout », mais aucun de ces termes ne reflète les liens que l'architecte a étroitement tissés entre l'ancien et le nouveau, pour aboutir à cette célèbre symbiose.

En forgeant des taxonomies plus solides et des métaphores inédites à propos de réemploi, nous insufflerons une nouvelle vie à ce concept. L'adaptation de bâtiments existants requiert une démarche distincte selon qu'elle est motivée par des raisons culturelles, économiques ou environnementales. Mieux nous pourrons décrire différentes pratiques de réemploi et en comparer les mérites respectifs, mieux elles répondront aux besoins en matière de climat et de ressources.

D'un point de vue environnemental – notre principale perspective ici –, toute rénovation vaut mieux qu'une construction neuve. Ce-

---

2   Charles, prince de Galles, « A speech by HRH The Prince of Wales at the 150th anniversary of the Royal Institute of British Architects (RIBA), Royal Gala Evening at Hampton Court Palace » (discours à l'occasion du 150e anniversaire de l'Institut royal des architectes britanniques), Londres, 30 mai 1984, https://www.royal.uk/clarencehouse/speech/speech-hrh-prince-wales-150th-anniversary-royal-institute-british-architects-riba-royal-gala.

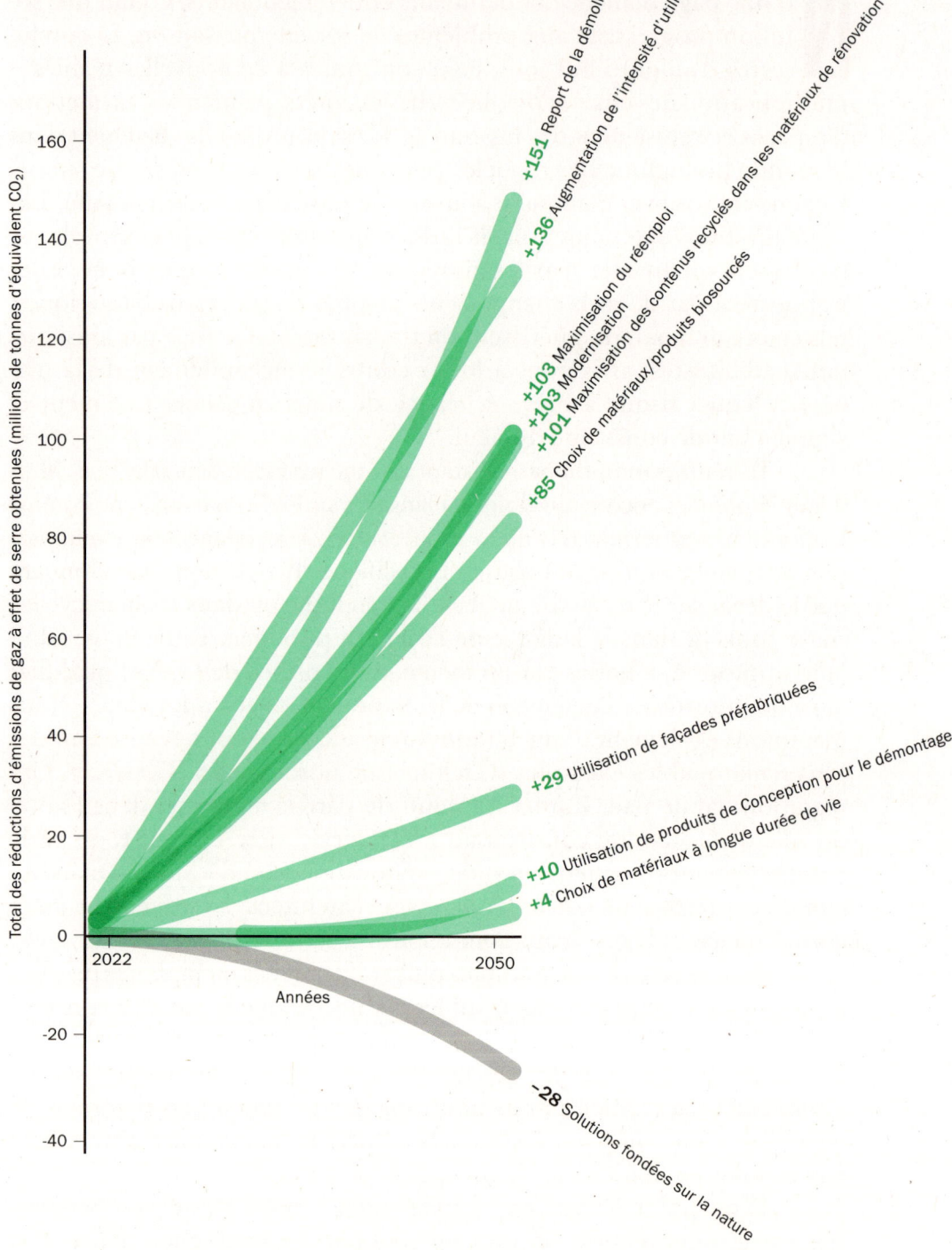

Fig. 2 Comparaison de la réduction des émissions de gaz à effet de serre obtenue par différents types de rénovation, dans l'hypothèse où les interventions et taux de rénovation restent inchangés jusqu'à 2050. Données extraites de *Building renovation: where circular economy and climate meet*, Agence européenne pour l'environnement, 7 juillet 2022.

pendant, certaines approches s'avèrent plus efficaces que d'autres pour réduire les émissions de carbone. [Fig. 2] Afin d'aboutir à la neutralité carbone à l'échéance 2050, la stratégie consistant à retarder la démolition de bâtiments est la plus écologique, suivie de près par une utilisation plus intense de l'existant. L'emploi de biomatériaux ou de matériaux recyclés réduit aussi la pollution au carbone, bien que dans une moindre mesure que les deux précédentes solutions. En revanche, les stratégies tirant parti des ressources propres de la nature, si elles améliorent le confort et le bien-être des occupants, ne suffiront pas à empêcher, pendant cet intervalle critique, le carbone d'envahir l'atmosphère.

La greffe est une méthode de réemploi dont l'objectif est une réduction maximale des émissions de carbone. Il s'agit pour cela de tirer parti d'absolument toute la capacité d'une structure à accueillir de nouveaux désirs, demandes et occupants... humains ou non. L'histoire de cette pratique, fortement inspirée de la greffe horticole, regorge d'exemples reflétant la culture d'expérimentation et de soin qui imprègne la relation qu'entretiennent les êtres humains avec les plantes, les arbres, les vergers. Les méthodes de greffage évoluant toujours, elles intègrent aujourd'hui des techniques de pointe, destinées, entre autres, à rendre les végétaux plus résistants aux maladies.

On peut considérer la greffe comme une simple pratique manuelle, plutôt que comme une méthode ou une philosophie radicale. Cependant, les actions clandestines que mènent les Guerrilla Grafters [Guérilleros de la greffe], collectif éco-artistique états-unien, révèlent l'esprit politique, sociologique et éthique qui peut accompagner ce mode d'intervention. Ces actions consistent à greffer des branches porteuses de fruits sur des arbres stériles, dans les rues de villes américaines. Techniquement illégales puisqu'elles modifient des biens municipaux sans autorisation, elles entendent attirer l'attention sur la pénurie alimentaire et sur la crise écologique. Par ces actions qu'il qualifie de nécessaires et pratiques, le collectif veut mettre en lumière les activités de soin, systématiquement féminisées, racialisées et sous-estimées dans les sociétés occidentales. Comme l'explique dans une interview l'une des greffeuses, par ailleurs architecte, le groupe veut rendre visible l'interdépendance de toute vie avec son environnement[3].

Les Guerrilla Grafters, qui alignent leur comportement sur la nature, agissent davantage qu'en simples techniciens lorsqu'ils soutiennent la collectivité à l'aide des systèmes naturels. Leur regard écologiste sur le monde, qui place les humains au sein d'un ensemble bien plus vaste

---

3   Chandra Russo, « The Art of Care: Urban Oppositional Practices of the Guerrilla Grafter », *City*, vol. 25, n° 1-2, 2021, p. 7-26, https://doi.org/10.1080/13604813.2021.1885912.

d'êtres vivants, les amène à agir pour le bien de tous. Défendre cette interdépendance implique une responsabilité. Cela ouvre aussi de nouvelles possibilités de connexion et de sens.

Le militantisme radical des Guerrilla Grafters résonne avec la description que font Bruno Latour et Albena Yaneva de l'architecture :

> « Or nous savons tous – et particulièrement les architectes, bien entendu – qu'un bâtiment n'est pas un objet statique, mais plutôt un projet en développement, et que même une fois bâti, il continue d'être transformé par ses usagers, d'être modifié par ce qui arrive à l'intérieur comme à l'extérieur, et qu'il disparaîtra ou sera rénové, voire altéré et transformé jusqu'à en être méconnaissable[4]. »

Le discours provocateur de Bruno Latour et Albena Yaneva bouscule la notion traditionnelle d'œuvre architecturale comme création d'un auteur unique, figée dans le temps. Plutôt qu'une tête d'affiche, il évoque un film en accéléré, dont le réalisateur, les acteurs et l'intrigue changeraient sans cesse. Ce point de vue soulève d'intéressantes questions sur l'adaptation de bâtiments existants. Quelle est la signification conceptuelle d'ajouts apportés par des architectes et non par les utilisateurs ? Dans ces additions, faut-il voir des altérations ? Comment créer de l'architecture avec un grand A, qui soit contingente, dépendante d'architectes précédents, et pourtant ne reproduise pas simplement l'architecture originale, mais soit le fruit d'un travail conjoint ? De quelle nature est ce nouvel objet architectural ?

La pratique de la greffe architecturale aborde toutes ces questions. Elle impose de commencer par ce qui est là, d'étudier avec soin *l'avant* pour pouvoir envisager *l'après*. En renonçant à l'autorité d'un architecte unique en faveur d'un modèle relationnel, elle ouvre la porte à toutes sortes de nouvelles possibilités. Aucune définition complète de la greffe architecturale n'ayant été établie jusqu'à présent, nous commencerons par en analyser quelques exemples représentatifs et concrets. Il s'agit de bâtiments neufs qui s'entremêlent avec des structures existantes, en jaillissent ou entretiennent un échange avec elles. En examinant des œuvres récentes ou historiques, nous découvrirons des stratégies qui, inspirées de la greffe horticole, augmentent de manière efficace la capacité du bâtiment d'origine. Nous explorerons aussi des objections soulevées par

---

[4] Bruno Latour et Albena Yaneva, « "Donnez-moi un fusil et je ferai bouger tous les bâtiments" : le point de vue d'une fourmi sur l'architecture », *Explorations in Architecture: Teaching, Design, Research*, sous la dir. de Reto Geiser, Birkhäuser Verlag, Bâle, 2008, p. 80-89, http://www.bruno-latour.fr/sites/default/files/downloads/P-138-BUILDING-FR_0.pdf

les échecs, frictions ou risques esthétiques accompagnant l'adaptation de bâtiments. Certaines de ces critiques établissent un parallèle avec des anxiétés sociétales à propos des « fruits monstrueux » qu'évoque le greffage depuis les débuts de l'ère moderne.

Abordons d'emblée les risques esthétiques de la greffe architecturale. Le terme de « chimère » s'applique à un type spécifique de végétal créé par greffage horticole. Mais c'est aussi le nom d'une affreuse créature de la mythologie grecque, monstre femelle crachant du feu et constitué d'une tête de lion, d'une queue de serpent et d'une chèvre émergeant de son dos. On veut bien croire qu'une construction édifiée par différents architectes, à des époques différentes, produise un effet tout aussi dérangeant.

À l'époque actuelle, les additions à des structures existantes, suspectées d'offenser les créations d'origine, suscitent l'appréhension des commissions d'autorisation, tant publiques que privées. En effet, qui voudrait être accusé d'avoir donné son aval à un « furoncle » ? Dans certains endroits, seuls sont admis les projets qui respectent strictement les règles de conservation historique ou qui manifestent une déférence exagérée. Dans ces craintes contemporaines qu'engendre la conception adaptative, on peut voir une peur profondément ancrée du mélange et de l'impureté, par-delà les cultures et les géographies[5]. Au début de l'ère moderne en Europe, par exemple, la matière unique de formes artistiques telles que la sculpture évoquait une lignée et une hygiène corporelle irréprochables, assorties d'une pureté spirituelle[6]. De telles associations existent toujours. C'est pourquoi les ajouts alliant des matériaux divers, dus à des architectes animés de convictions philosophiques différentes, peuvent se percevoir eux aussi comme impurs.

Plus probablement, la résistance actuelle aux chimères architecturales s'explique comme une réaction aux ajouts pompeux qui se sont multipliés dans les années 1990 et 2000, en particulier chez les déconstructivistes. L'intention première de ces projets était de déstabiliser l'observateur, de l'effrayer par l'étrange et par le grotesque[7]. La greffe architecturale procède d'une démarche bien différente, car elle vise à la réussite mutuelle de l'existant et du nouveau, tant sur le plan fonctionnel qu'esthétique. Il ne s'agit pas d'un style mais d'une stratégie de longévité, qui se soucie de l'œuvre d'origine. Ces simples critères suffisent à déterminer si les impures créatures nées d'ajouts architecturaux sont amies ou ennemies.

---

5   Voir un classique sur la question : Mary Douglas, *De la souillure : Essai sur les notions de pollution et de tabou*, traduit de l'anglais par Anne Perrin, préface de Luc de Heusch, La Découverte, Paris, 1992.

6   Lauren Jacobi et Daniel Zolli, introduction à *Contamination and Purity in Early Modern Art and Architecture*, sous la dir. de Lauren Jacobi et Daniel Zolli, Amsterdam University Press, Amsterdam, 2021, p. 25.

7   Peter Eisenman, « En Terror Firma: In Trails of Grotextes », *Fifth Column*, vol. 7, n° 1, 1988, p. 24-27.

Citons l'exemple de l'extension par Daniel Libeskind du Musée royal de l'Ontario, construit par Darling et Pearson en 1914. Le but exprimé par Libeskind était de créer un effet dramatique. Selon sa vision, l'ajout de volumes en forme de prismes de cristal avait pour objet de nouer une « relation profonde entre l'historique et le nouveau »[8]. Mais de quelle nature est cette relation profonde ? L'extension réalisée en 2007 semble agresser le bâtiment initial, dans lequel elle plante d'intrusives pointes de métal et de verre. L'extérieur se veut une œuvre d'art, un musée en soi. Il semble pouvoir se passer du vieux bâtiment, qui n'aurait d'autre utilité que celle de faire-valoir, ou peut-être de prétexte à une bataille rangée sur une question de forme. Dans une architecture véritablement greffée, en revanche, les ajouts dépendraient d'une capacité structurelle, architecturale ou programmatique de l'ancien. L'originel et le nouveau, indissociables, se soutiendraient l'un l'autre en un échange vital.

Dans les années 1980, le mot « parasite » surgit à propos de certaines extensions ou installations. Si ce concept peut dans un premier temps s'assimiler à celui de greffe, il en diffère considérablement par ses intentions et par les résultats qu'il produit. En biologie, un parasite est un organisme qui vit sur ou dans son hôte, en s'adaptant à son mode de vie, et ce, à ses dépens. Cela le distingue de la greffe, qui a un but bénéfique. En architecture, le projet Rooftop Remodeling Falkestrasse, réalisé à Vienne par Coop Himmelblau, en est un exemple notable. Conçue en 1983 et achevée en 1988, cette extension d'acier et de verre évoquant un insecte a souvent été comparée à un parasite perché sur son hôte, en l'espèce un bâtiment traditionnel de la capitale autrichienne. Pour Mark Wigley, il s'agit là d'« un monstre squelettique qui brise les éléments de la forme dont il bataille pour s'extraire »[9].

Si ce « remodelage de toit », qui attire inévitablement le regard, accroît une partie de la capacité structurelle du bâtiment d'origine comme le ferait une greffe, il reste un élément à part, et le projet échoue à instaurer un rapport spatial et potentiel complet entre l'ancien et le nouveau. À l'inverse, une greffe viserait à créer une interaction productive, souple et harmonieuse avec le vieil immeuble. Comme évoqué à propos de l'extension par Libeskind, le parasitisme ressort souvent d'une juxtaposition formelle motivée par des ambitions artistiques personnelles[10]. Par conséquent, le projet Falkestrasse, s'il ne saurait se qualifier de greffe, ne mérite

---

8   Daniel Libeskind, « Renaissance ROM, Extension to the Royal Ontario Museum: The Crystal », 4 février 2002, déclaration publiée dans Marcus Fairs, « Daniel Libeskind at Royal Ontario Museum », *Dezeen*, 14 mai 2007, https://www.dezeen.com/2007/05/14/daniel-libeskind-at-royal-ontario-musem.

9   Mark Wigley, « Deconstructivist Architecture », *Deconstructivist Architecture*, Mark Wigley and Philip Johnson, Museum of Modern Art, New York, 1988, p. 17.

10   « C'est parce que nous avons décrit Rooftop Remodeling Falkestrasse comme une œuvre d'art plutôt que comme un projet architectural, relate Wolf Prix, que l'on nous a autorisés à le construire. » Voir Wolf D. Prix et Coop Himmelb(l)au, *Get Off of My Cloud: Texts 1968-2005*, Hatje Cantz, Ostfildern, 2005, p. 169.

pas non plus le titre de parasite, car si, visuellement, il importe son hôte, il ne lui nuit pas réellement.

Pour Elizabeth Diller et Ricardo Scofidio, le parasite a pris un tour technologique avec l'installation qu'ils ont réalisée en 1989 pour le MoMA, dans le cadre d'une série intitulée *para-site*. Des caméras numériques disposées dans les espaces de circulation du musée transmettaient les images de visiteurs à l'autre bout du musée, de façon qu'elles soient vues par d'autres visiteurs. Les gens se transformaient ainsi à la fois en objets surveillés à leur insu et en voyeurs[11]. Si l'exposition en soi ne concernait pas directement la question des extensions architecturales, elle explorait et anticipait des aspects dérangeants de la surveillance telle qu'on la connaît aujourd'hui dans les « villes intelligentes ». Shannon Mattern, une chercheuse, assimile à une « greffe » l'utilisation d'outils de collecte de données pour des infrastructures urbaines. Pour elle, il s'agit là d'une pratique opportuniste qui relève de l'intendance ou de l'exploitation[12].

Cet ajout d'une couche technologique appliquée aux villes – qu'on la considère bonne ou mauvaise, apparentée à la greffe ou au parasitisme – a cependant moins d'importance, selon nos vues, que l'estimation des vastes transformations matérielles nécessaires pour subvenir aux besoins de populations urbaines croissantes. Quels nouveaux modes de pensée la greffe peut-elle inspirer sur la densification et sur l'extension des bâtiments, ainsi que sur l'amélioration de leur entretien ? Cette notion de greffe urbaine laisse entendre un besoin d'expansion physique, tant minérale que végétale, vers le haut et vers l'extérieur. Nous nous y intéresserons dans des chapitres ultérieurs, mais pour le moment, nous allons définir les qualités de l'architecture greffée et des architectes qui la pratiquent.

À l'échelle de la ville, quelles sont les conditions d'une greffe architecturale réussie ? Les musées offrent de nombreux exemples en la matière, du fait de leur longévité et de la fréquente nécessité de les agrandir en fonction de la croissance de leurs collections et de leur public. Ces dernières années, certains des musées les plus connus au monde ont étendu leur superficie, parmi lesquels le Prado à Madrid, la Tate Modern à Londres et la Pinacoteca à São Paulo. Dans le même temps, de nouveaux musées se créaient via l'adaptation de structures existantes, comme le Zeitz Museum of Contemporary Art Africa au Cap, le CaixaForum à Madrid ou la Bourse de commerce – Pinault Collection à Paris, parmi de nombreux autres. Pour chacun de ces projets, il a fallu prendre des décisions concernant l'aspect de la transition entre ancien et moderne, l'articulation entre les structures et, surtout, l'impact de l'agrandissement

---

11 Museum of Modern Art, « Projects: Elizabeth Diller/Ricardo Scofidio », communiqué de presse, juin 1989, https://www.moma.org/calendar/exhibitions/1893.

12 Shannon Mattern, *A City is Not a Computer: Other Urban Intelligences*, Princeton University Press, Princeton, 2021, vol. 5, p. 7, 11.

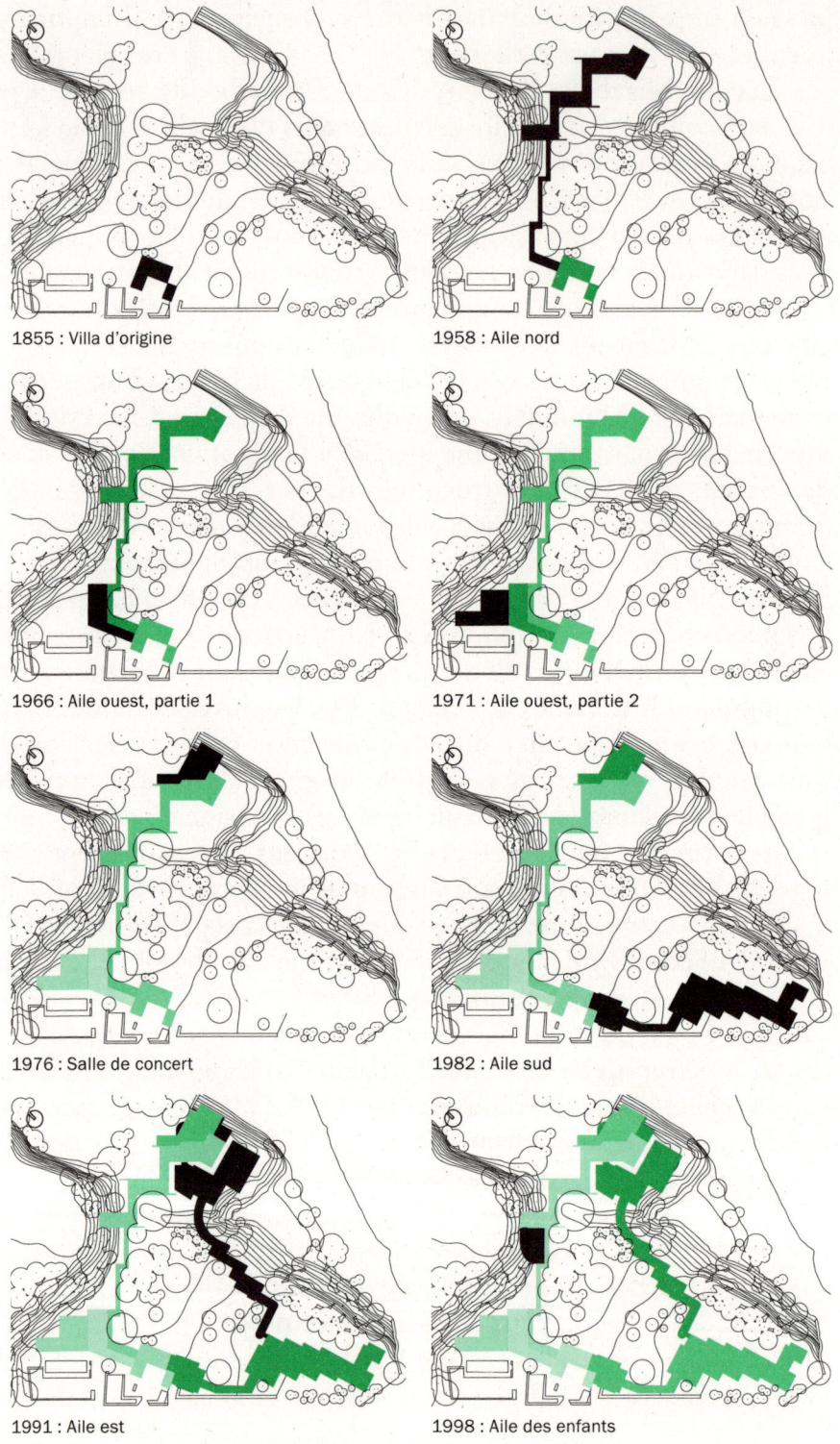

Fig. 3 Au fil du temps, le musée de Louisiana s'est agrandi à sept reprises. Chaque greffe, qui fusionne précisément avec le bâtiment existant, est conçue en vue d'accueillir la suivante.

sur la ville. Pour Rafael Moneo, par exemple, l'extension du Prado qu'il a réalisée dans le cloître des Hiéronymites est avant tout marquante par son « intervention dans la ville » et par l'adaptation du bâtiment adjacent. « Le bâtiment de Villanueva est désormais libéré de nombreuses obligations », explique-t-il[13]. Lorsqu'une greffe est réussie, le porte-greffe comme la ville elle-même bénéficient des modifications accomplies.

Dans le nord de l'Europe, au Danemark, se trouve le Musée d'art moderne Louisiana. Niché dans un paysage pastoral surplombant le détroit du Sund, il a pour décor d'origine une villa ancienne. [Fig. 3] À la fin des années 1950, Jørgen Bo et Wilhelm Wohlert ajoutent une première extension à ce musée moderniste très apprécié. Elle se compose d'une suite de trois pavillons reliés au vieux bâtiment par des couloirs vitrés, où le visiteur déambule et noue un rapport intime avec les œuvres tout en profitant de la vue. Le musée doit une bonne partie de son succès constant à l'importance que les architectes ont accordée à son environnement.

Louisiana présente une autre particularité évoquant la greffe : l'influence réciproque qu'y exercent le style des maisons de San Francisco et des éléments japonais disposés avec soin, qui forment un tout intégré dans le contexte danois. Le plan révèle une fusion permanente de nouveaux ajouts au fil du temps, car le musée a connu sept extensions, chacune reliée à la précédente avec une précision géométrique, sans tomber dans la répétition. Cette approche expérimentale surprend sans cesse les visiteurs. À vrai dire, il n'est peut-être pas étonnant que le site ait inspiré des greffes architecturales aussi fructueuses : le propriétaire d'origine était un cultivateur doublé d'un fervent pomologue[14].

Qui sont les architectes-greffeurs, du passé ou d'aujourd'hui, qui peuvent nous servir de modèles ? Ils se caractérisent par leur volonté de participer, sans en accaparer tout le mérite, à une œuvre dont le résultat final se compose d'au moins deux éléments, dépendants l'un de l'autre. Ou bien, selon les termes d'Ana Miljački et d'Ann Lui, « ils acceptent de changer de point de vue, d'entamer des négociations politiques et identitaires, de renoncer aux absolus, de s'ouvrir à de multiples formes d'action et à leurs manifestations »[15]. Si la création conjointe en architecture a habituellement lieu en temps réel, avec une participation active des deux parties, le greffage survient souvent de manière asynchrone, l'un des deux co-auteurs n'étant de toute façon plus de ce monde. Cependant, les questions d'identité et le renoncement à certains absolus demeurent essentiels, indépendamment de la façon dont la collaboration se produit

---

13 Sur l'agrandissement du Prado, voir Rafael Moneo Arquitecto, https://rafaelmoneo.com/en/projects/prado-museum-enlargement.

14 Michael Sheridan, *Louisiana Museum of Modern Art: Landscape and Architecture*, Musée d'art moderne de Louisiana, Humlebæk, 2017.

15 Ana Miljački et Ann Lui, « Toward a Carrier Bag Theory of Coauthoring », *Log*, n° 54, hiver/printemps 2022, p. 9.

La greffe en architecture

Fig. 4   Les collaborateurs de l'agence Rotor sont qualifiés pour récupérer des matériaux en vue de réutilisation dans de nouvelles constructions. Ici, ils démontent avec précaution des panneaux de marbre de Carrare dans la gare de Bruxelles-Nord.

Fig. 5   Les membres du Bureau Baubotanik utilisent leurs connaissances en greffage horticole pour créer de vastes structures. Construit en 2012, le Platanenkubus de Nagold (Allemagne) est une structure cubique sur six niveaux, composée de plus de mille platanes vivants, qui fusionnent peu à peu en un organisme unique. Par la suite, les arbres formant un système autoporteur, les poutres d'acier seront supprimées.

dans le temps. Dans ces conditions, comment l'architecte-greffeur doit-il fonder une relation avec les auteurs précédents ?

S'intéressant de près à cette question, un bon nombre d'agences d'architecture de la nouvelle génération pratiquent le réemploi de matériaux de construction. Un exemple remarquable en est le cabinet belge Rotor, qui a remis au goût du jour l'idée de récupérer et de réutiliser ces matériaux, par souci écologique et pour leur sens culturel. [Fig. 4] Rotor va jusqu'à en recueillir sur des chantiers de démolition afin de les mettre à la disposition d'autres architectes[16]. Parce que les architectes de Rotor conçoivent leurs projets dans un esprit de remploi, ils ont une parenté avec les architectes-greffeurs. Ils consacrent du temps à localiser et à répertorier des matériaux à réutiliser. De même, les architectes-greffeurs doivent prendre le temps de mesurer méticuleusement des bâtiments existants et de réfléchir à leur mise en valeur. Ils sont ouverts à l'idée d'intégrer aussi bien des matériaux neufs qu'anciens, tout en privilégiant l'utilisation croissante de structures déjà présentes et propres à héberger des programmes plus viables, qui prolongent la vie de l'existant.

Une autre agence actuelle, Bureau Baubotanik, en Allemagne, pratique une authentique greffe arboricole. [Fig. 5] Ses architectes, qui ont appris à unir porte-greffe et greffons, appliquent cette technique de manière à créer des structures paysagères hybrides. Leur travail de recherche, de construction, de culture et d'interaction avec les arbres aboutit à des créations vivantes plutôt qu'à des immeubles traditionnels. Il exige de la patience et une perspective à long terme, car nombre de leurs structures ne se réaliseront entièrement qu'après leur mort. Les membres de Baubotanik ne doutent pas pour autant qu'un jour leurs projets seront appréciés à leur juste valeur. On imagine aisément qu'une fois développées, ces merveilleuses armatures greffées, d'un grand intérêt culturel, seront préservées pendant des générations. En fait, les structures de Baubotanik survivront à de nombreuses constructions modernes. Ces œuvres demandent un état d'esprit bien différent de celui de la plupart des architectes, qui veulent des résultats rapides. Pour les architectes-greffeurs, la notion d'évolution future fait partie intégrante du processus de création. Par ailleurs, les architectes de Baubotanik considèrent leur travail comme inachevé. À l'instar des jardiniers ou d'autres greffeurs, ils ont le mérite, en plus d'être patients, d'adhérer à l'idée de création collective. Collaborer avec la nature n'a rien de statique. Le greffeur accepte qu'un porte-greffe apporte des qualités imprévues au greffon, et que celui-ci évolue d'une manière inattendue. L'attitude cocréatrice des architectes-greffeurs reflète une pensée « orientée processus ».

16   Lionel Devlieger, « Waste Not: Rotor and the Practice of Deconstruction », *Architectural Review*, 13 février 2019, https://www.architectural-review.com/essays/waste-not-rotor-and-the-practice-of-deconstruction.

Fig. 6 Avant de se tourner vers l'architecture, Carlo Scarpa conçoit et fabrique des objets dans les verreries vénitiennes. Sa sensibilité d'artisan, son goût du détail ressortent clairement dans les précises insertions qu'il réalise à toutes sortes d'échelles sur du bâti existant.

Fig. 7 Lacaton et Vassal instaurent un dialogue entre ancien et moderne, en travaillant presque exclusivement sur des bâtiments existants, dont ils prolongent la durée d'existence utile.

Carlo Scarpa raconte que s'il est devenu architecte-greffeur, c'est à cause des destructions causées par les bombardements, ainsi que des atteintes à l'environnement. [Fig. 6] Parce qu'il travaille dans sa ville natale, Venise, affectée par les deux guerres mondiales comme toute sa région et par les problèmes permanents en rapport avec l'eau, il consacre une partie importante de sa carrière à réparer des constructions, à en prendre soin. Selon lui, il faut posséder une connaissance intime de l'histoire pour créer une architecture appropriée, ce qui n'empêche pas d'adopter les techniques et matériaux de son temps. Il n'est pas de musée porteur de greffe plus plaisant que son Castelvecchio de Vérone, projet qu'il mène de 1957 à 1975. Les structures d'origine, parmi lesquelles des bâtiments ou murs remontant à 1354, présentaient divers degrés de délabrement. Au moment où l'on confie le chantier à Scarpa, ils ont déjà subi plusieurs extensions. Tout au long de ce projet qui lui tient particulièrement à cœur, l'architecte et designer vénitien étudie, fait des découvertes et révise son approche, en portant une attention méticuleuse à chaque sol, plafond, pièce et décor. De toute évidence, il trouve plaisir et satisfaction à travailler les détails et les relations entre éléments. Il confirme l'existence de l'architecte-greffeur en lui, qui s'exprime dans son discours comme dans ses actes : « Par "restauration", nous n'entendons pas seulement la réparation de bâtiments anciens ; notre devoir consiste aussi et plutôt à leur offrir une nouvelle tranche de vie, à prolonger leur existence, aujourd'hui et demain[17]. »

Depuis la fondation de leur agence, Anne Lacaton et Jean-Philippe Vassal montrent un vif intérêt pour le travail sur des structures préexistantes, qu'ils modifient à l'aide d'humbles matériaux, pour les transformer en lieux de vie de meilleure qualité, ce qui s'apparente à de la valorisation. [Fig. 7] Là où d'autres voient du négatif, par exemple dans un ensemble de tours des années 1960, ils perçoivent un potentiel, de transformation en l'occurrence[18]. Voilà une aptitude profitable pour des architectes-greffeurs qui œuvrent presque exclusivement sur des constructions existantes. Ainsi, ils ont achevé en 2014 le FRAC (Fonds régional d'art contemporain) Nord-Pas de Calais, à Dunkerque. Ce projet montre que les meilleures relations entre porte-greffe et greffon se fondent souvent sur une égalité. Cette greffe, qui a consisté à ajouter une nouvelle halle à la première, traduit le respect des auteurs envers la structure existante. Outre le doublement du volume, les deux halles étant de mêmes dimensions, ils ont créé des espaces intermédiaires. Les architectes ont utilisé, pour l'extension, un matériau différent, tout en maintenant un dialogue étroit avec le premier bâtiment. L'ensemble demeure flexible, pour le présent et pour l'avenir.

---

17   Robert McCarter, *Carlo Scarpa*, Phaidon, Londres, 2017, p. 275.

18   Cristina Díaz Moreno et Efrén García Grinda, « A Conversation with Lacaton & Vassal », *El Croquis*, n° 177-178, 2017, p. 11.

JEUNES
POUSSES

*

Le
long de la
route 76, dans l'Illinois,
les fossés étaient pleins d'ombel-
lifères graciles, d'herbes à ouate et de chardons
piquants. Ils longeaient des champs de blé qui s'éten-
daient à perte de vue, seulement interrompus par des
haies de pins mal coiffés. Je connaissais bien les lieux,
pour y avoir souvent participé à des collectes de déchets avec ma mère, Marj, notre intrépide cheffe
scoute, qui faisait du *community organizing* avant que
l'expression existe.

  Elle était engagée avec passion dans la défense
de l'environnement. Alors que toutes les autres mères
venaient chercher leurs enfants à l'école en voiture, elle
nous raccompagnait à la maison à pied, mes sœurs et
moi ; parfois, elle venait à vélo à notre rencontre. Avec
elle, notre groupe de scoutes fabriquait des banderoles
et des pancartes clamant « Soyez sympas, ne polluez
pas ! », et nous écumions le bord des routes, chantant
et ramassant les détritus pour gagner le droit de coudre
sur notre veste l'écusson « Éco-Action ». Mais Marj nous
expliquait aussi que les déchets n'étaient qu'une caté-

gorie d'ennemis de l'environnement parmi d'autres : les pesticides et les engrais déversés sur les champs étaient une menace plus grande encore.

En plus du militantisme et du nettoyage de fossés, mes camarades scoutes et moi avons eu la chance de pratiquer toutes sortes d'activités de plein air : camping, canoë, et même randonnée en raquettes. Marj et les autres cheftaines profitaient souvent de ces sorties pour nous faire rencontrer des naturalistes passionnés, et nous nous exercions à noter nos observations de la flore et de la faune. C'est là que j'ai pris l'habitude de dessiner pour apprendre de la nature, habitude que je ne n'ai jamais quittée.

En dehors du scoutisme, ma mère nous laissait grimper aux arbres du jardin et y construire de grandes cabanes. Elle ménageait aussi du temps pour nous apprendre à cultiver et soigner un petit potager, avec une attention particulière pour les premières étapes de croissance des jeunes plants, et pour la multiplication de plantes. Marj n'avait pas de diplôme supérieur, mais si elle ignorait quelque chose, elle savait poser les bonnes questions et trouver les réponses. Quand le reste de la famille se rassemblait autour de la télévision, elle s'installait dans la pièce à côté, préférant la compagnie de ses encyclopédies. Pour elle, c'était par les livres que l'on accédait à la connaissance. Quand elle avait enfin un moment, elle ouvrait son livre et lisait.

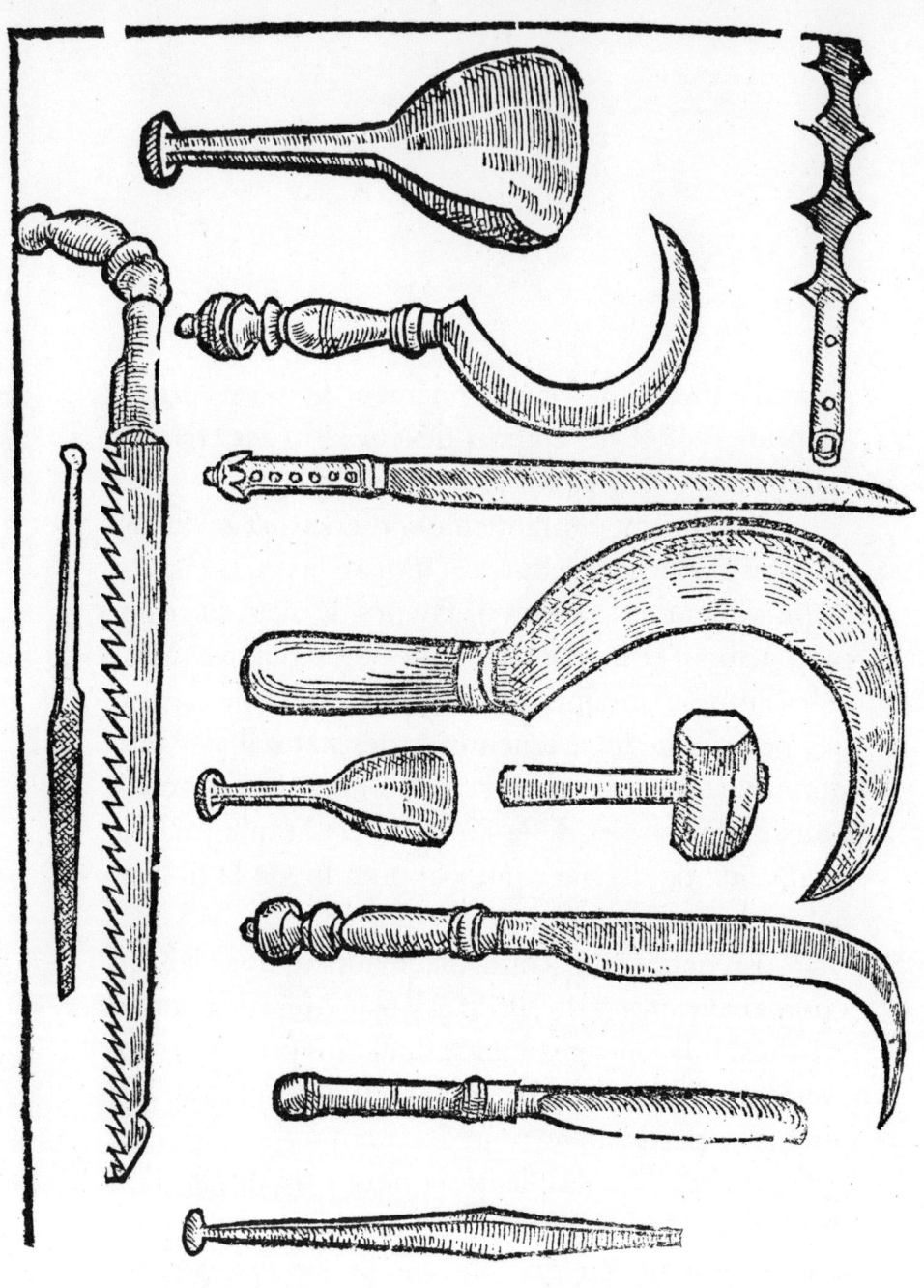

Fig. 8   Les outils de la greffe, extrait de *A New Orchard And Garden, or The Best Way for Planting, Grafting and to Make Any Ground Good for a Rich Orchard; Particularly in the North Parts of England*, de William Lawson, paru en 1618.

CHAPITRE II
AUX RACINES DE LA GREFFE HORTICOLE

On peut faire commencer l'histoire de la greffe horticole en de nombreux endroits : dans les jardins antiques de Cyrus le Grand, empereur de Perse, baignés du parfum des grenades ; en Chine, dans une plantation soignée de mûriers grouillants de vers à soie ; ou sur une plaine venteuse d'Asie centrale, où des paysans construisent d'humbles abris contre les tempêtes en recourbant des branches et en les liant entre elles.

Mais nous pourrions aussi nous rendre dans la ferme familiale des Newton, en Angleterre. Le jeune Isaac, fin observateur de la nature, s'y employa davantage à étudier les lois abstraites auxquelles ses pommes étaient soumises que les aspects spécifiquement agricoles de leur culture[19]. C'est pourtant grâce à ces connaissances pratiques qu'avait pu pousser le fameux pommier, de la rare variété Flower of Kent, issue d'une technique d'horticulture très ancienne et très féconde : la greffe.

Comme les pommiers, de nombreuses espèces de plantes sont multipliées par greffage, action qui consiste à tailler puis à joindre deux individus génétiquement distincts afin qu'ils poussent et fonctionnent comme un seul. Voulant obtenir des végétaux plus résistants, des fruits plus nombreux et plus savoureux, les humains commencèrent à greffer il y a au moins 2 500 ans. Le berceau de la première greffe reste inconnu, mais la pratique est vraisemblablement apparue de façon indépendante en Perse, en Chine et en Asie centrale[20]. Les premiers greffeurs cherchaient certainement à imiter et à améliorer le principe des greffes spontanées observées dans la nature. Ce phénomène intervient quand deux plantes, ou deux parties d'une même plante, restent en contact assez longtemps pour que peu à peu, leurs branches ou leurs racines s'interconnectent[21]. Ces greffes sont généralement bénéfiques, car elles permettent des échanges de lumière, d'eau et de nutriments, et procurent une stabilité structurelle ; mais elles peuvent aussi avoir des conséquences négatives, principalement en ouvrant des voies de propagation aux maladies[22]. Aujourd'hui, les chercheurs s'intéressent particulièrement aux greffes spontanées de racines. Ils ont découvert qu'elles collaborent avec les réseaux mycéliens au sein des écosystèmes forestiers, pour aider les arbres à communiquer, à partager les ressources et à multiplier les connexions. Tout l'écosystème y gagne en résilience, face aux facteurs de stress environnementaux tels que la sécheresse et les tempêtes[23].

---

19   Richard S. Westfall, « Isaac Newton », *Encyclopedia Britannica*, 23 août 2022, https://www.britannica.com/biography/Isaac-Newton.
20   Barrie E. Juniper et David J. Mabberley, *The Extraordinary Story of the Apple*, Royal Botanic Gardens, Kew, 2019, p. 111-113, 125.
21   Ken Mudge *et al.*, « A History of Grafting », *Horticultural Reviews*, n°35, 2009, p. 445.
22   K. Mudge *et al.*, « A History of Grafting », p. 447-449.
23   Alejandra Vovides *et al.*, « Cooperative root graft networks benefit mangrove trees under stress », *Communications Biology*, n°4, 2021, https://doi.org/10.1038/s42003-021-02044-x.

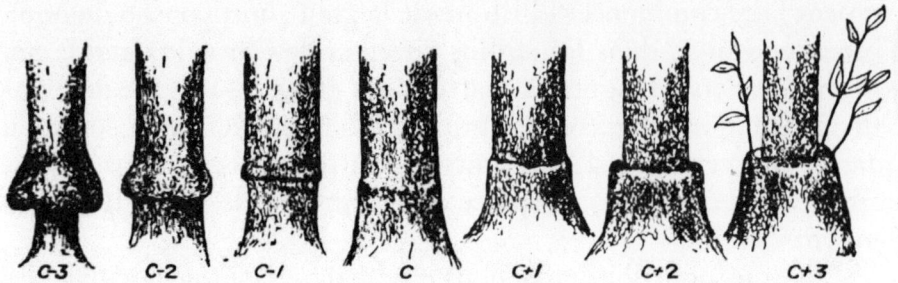

Fig. 9 Selon la compatibilité des différents greffons et porte-greffes, la soudure prend des formes différentes. Extrait de *The Citrus Industry*, de Herbert John Webber, paru pour la première fois en 1943.

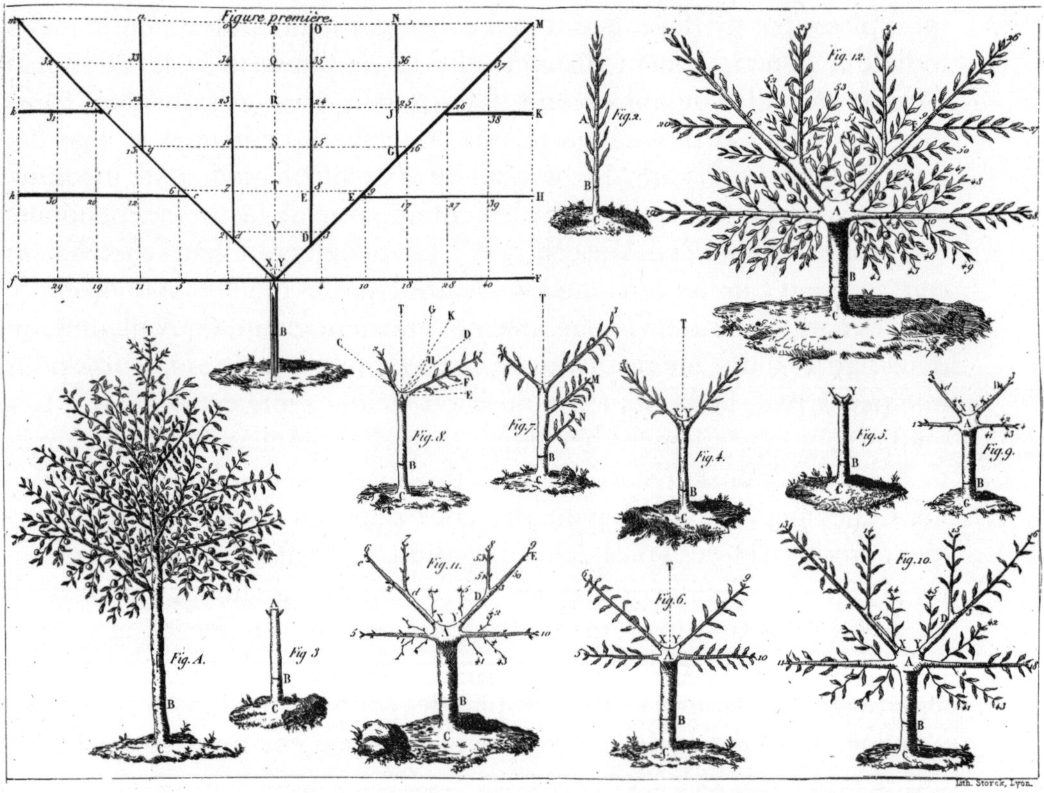

Fig. 10 La bibliothèque du Jardin botanique de New York recèle de nombreux livres anciens et rares sur la greffe. Ce dépliant inclus dans l'*Essai sur la taille des arbres fruitiers* de Charles Fortuné Willermoz (1853) illustre différentes techniques de greffe et de taille en espalier.

Pour développer leur pratique, nos ancêtres ont dû étudier de près le processus naturel de la greffe et ses conséquences, afin d'exploiter ses effets bénéfiques tout en atténuant autant que possible ses potentiels inconvénients. Il existe aujourd'hui de nombreuses méthodes de greffage, mais toutes consistent à prélever sur la plante que l'on désire reproduire une pousse qui sera taillée pour en faire un greffon, puis insérée dans le système racinaire existant d'une autre plante (le porte-greffe). Si l'alignement, la compression et la protection contre les éléments sont parfaits, les tissus vasculaires des deux plantes vont fusionner en un système unifié transportant liquides et nutriments, pour permettre à la plante composite de pousser.

Pour que la greffe réussisse et soit pérenne, greffon et porte-greffe doivent être compatibles. Les premiers auteurs soutenaient que l'on pourrait obtenir toutes sortes de combinaisons fantaisistes, du peuplier-cerisier au châtaigner-prunier[24]. En réalité, les plantes compatibles sont relativement peu nombreuses. La plupart des espèces peuvent se greffer sur elles-mêmes ; certaines peuvent se greffer sur des espèces très proches, comme les poiriers sur les cognassiers. Dans de rares cas seulement, des espèces plus éloignées, comme la tomate et la pomme de terre, peuvent s'unir avec succès[25].

La greffe n'en reste pas moins un phénomène extraordinaire. Bien des fruits et des plantes d'ornement que nous connaissons en sont issus, avec leur cortège de pratiques culturelles et de produits comme le vin. Malgré cette longue histoire, nous n'avons pas encore complètement élucidé les mécanismes biologiques complexes qui sont à l'œuvre dans la formation d'une greffe. Les recherches actuelles corroborent l'hypothèse des premiers greffeurs : il s'agirait d'un processus de cicatrisation, déclenché en réponse à une blessure. [Fig. 9] Des études en cours apportent de nouveaux éléments sur ce qui se passe au niveau moléculaire pendant cette opération sophistiquée d'autoréparation[26].

Au-delà des règles simples de compatibilité, le greffeur doit tenir compte de nombreux facteurs au moment de sélectionner greffon et porte-greffe. Une plante greffée constitue un système génétique composé ; les deux plantes ne mélangent pas leur matériel génétique pour créer une plante hybride, contrairement à ce qu'ont cru beaucoup de théoriciens anciens. Cependant, l'interaction entre greffon et porte-greffe a des conséquences physiologiques parfois importantes. Certains porte-greffes peuvent augmenter ou diminuer la taille finale qu'atteindra le greffon, ainsi que le nombre de fleurs et de fruits qu'il produira. Les porte-greffes

---

24 K. Mudge et al., « A History of Grafting », p. 457, 486.

25 Charles W. Melnyk et Eliot M. Meyerowitz, « Plant grafting », Current Biology, 25, n°5, 2015, p. 184.

26 Ibid., p. 184-185.

Fig. 11 L'orange bizzaria, fruit de la greffe d'un bigaradier et d'un cédratier, est une chimère végétale bien connue. Pietro Nati, jardinier, directeur du Jardin botanique de l'université de Pise, fut le premier à l'évoquer dans un livre publié en 1674. Cette aquarelle a été réalisée par Domenico del Pino en 1821.

peuvent aussi renforcer la résistance du greffon aux maladies et aux nuisibles, et lui permettre de prospérer dans de nouveaux environnements. C'est le célèbre exemple du sauvetage, au milieu du XIXe siècle, de la viticulture française et de ses précieux cépages par l'utilisation de porte-greffes issus de vignes américaines, résistantes au phylloxéra qui ravageait alors les vignobles européens[27]. Les greffons, de leur côté, redonnent au porte-greffe utilité et raison d'être, évitant souvent à des plantes vieillissantes d'être abandonnées ou arrachées. [Fig. 10]

Ceci étant dit, la nature est pleine de surprises et d'exceptions. Un fascinant petit groupe de plantes greffées produisent des rejetons où se combinent le matériel génétique du greffon et celui du porte-greffe. Mais ce matériel reste intact dans des cellules séparées, et les cellules semblables se regroupent, donnant des feuilles, des fruits et des fleurs particulières, qui portent à la fois les caractéristiques du greffon et celles du porte-greffe[28]. [Fig. 11] Ces plantes sont appelées des chimères, du nom des monstres de la mythologie grecque constitués de plusieurs animaux différents. Avec d'autres types de plantes greffées, elles sont pour la recherche contemporaine d'importants sujets d'étude pour comprendre comment les protéines, les hormones et le matériel génétique évoluent à l'intérieur des organismes[29].

D'un côté, la greffe est une méthode simple et pratique de multiplication des végétaux. Elle sert à créer de l'utile et du désirable (des fruits délicieux, des fleurs magnifiques et de grands vins) en exploitant les qualités de plantes existantes. Mais, comme le suggère le terme de « chimère », la pratique du greffage évoque aussi le mystère et le danger, et même l'obscur pouvoir de créer des monstres.

Dans la Rome antique, la greffe était largement répandue, et considérée comme un noble savoir-faire. Virgile a fait une peinture vivante de ses techniques et des délices comestibles qui en résultent, décrivant avec enthousiasme « un outil d'expérimentation tous azimuts pour "explorer les limites du possible" ». Pline l'Ancien aussi a rendu hommage au génie des greffeurs et à leurs cultivars[30].

En d'autres temps, en d'autres lieux, la greffe n'avait pas aussi bonne presse. Des peurs culturelles, des interdictions formelles de mélanger des choses dissemblables se sont appliquées à sa pratique. Dans la tradition juive, le Talmud interdit expressément de greffer des plantes d'espèces différentes[31]. Le botaniste et médecin français Jean Ruel, dans

---

27   George Ordish, *The Great Wine Blight*, Charles Scribner's Sons, New York, 1972.
28   K. Mudge et al., « A History of Grafting », p. 479-481.
29   Margaret H. Frank et Daniel H. Chitwood, « Plant chimeras: The good, the bad, and the "Bizzaria" », *Developmental Biology*, 419, n° 1, novembre 2016, p. 41-53. Voir aussi C. Melnyk et E. Meyerowitz, « Plant grafting », p. 187.
30   Cités dans S. Mattern, « Introduction », *A City is not a Computer: Other Urban Intelligences*, p. 7.
31   K. Mudge et al., « A History of Grafting », p. 450.

Fig. 12   Greffe et alchimie sont associées de façon énigmatique dans cette miniature de l'artiste et architecte français Jean Perréal, illustrant *La Complainte de Nature à l'alchimiste errant* (1516). L'allégorie de la nature est assise sur un trône constitué d'un arbre greffé, dont les courbes vivantes contrastent avec les murs de pierre et les ustensiles métalliques de l'atelier de l'alchimiste.

son traité de botanique de 1536, parlait à propos de la greffe d'« insertions mixtes » et d'« insertions adultères », évoquant l'idée de relations sexuelles répréhensibles[32]. On retrouve ce sentiment dans d'autres textes historiques, alimenté sans doute par l'erreur tenace qui constituait à croire que greffer, c'était faire s'accoupler deux plantes, alors qu'on aurait pu chastement en cloner une[33].

Aux XVIe et XVIIe siècles, les auteurs de livres de botanique décrivaient la greffe tantôt comme « une opportunité d'amélioration et de perfectionnement », tantôt comme « une pratique qui ouvrait la possibilité de dégradation et de pollution, puisque le greffeur imposait à la nature son pouvoir potentiellement destructeur[34] ». Ils s'émerveillaient devant les organismes utiles et enchanteurs que pouvait créer la greffe, mais mettaient aussi en garde contre les dangers de l'expérimentation sans limite susceptible de « créer un fruit monstrueux, nuisible ou inutile à ceux qui le cultivent[35] ». Leurs guides d'horticulture reflétaient le questionnement culturel plus large suscité par la révolution scientifique sur la relation entre l'humain et la nature. À cette époque, l'alchimie, en pleine mutation vers la chimie moderne, était encore considérée comme une science, et théâtre et littérature racontaient l'histoire du docteur Faust, qui vendit son âme au diable en échange de savoir et de pouvoir[36]. Il n'est pas surprenant que la greffe, savoir-faire transmis de bouche à oreille au fil des siècles, ait pu apparaître comme un savoir ésotérique ou occulte. [Fig. 12] Le fait que les auteurs anciens aient exagéré ses pouvoirs de transformation a vraisemblablement augmenté les soupçons envers ceux qui ambitionnaient d'exercer un tel contrôle sur la nature (même si ces auteurs aussi enthousiastes qu'imprécis ne pratiquaient sans doute pas de greffes eux-mêmes, mais laissaient cela à leurs jardiniers)[37].

En littérature et au théâtre, la greffe a fourni à Shakespeare et à ses contemporains une métaphore féconde pour explorer des interrogations plus profondes autour du mélange, notamment la question de la pureté et de sa violation. À cette époque de mondialisation croissante, où Londres et les autres villes devenaient plus grandes et plus hétérogènes, le vocabulaire de la greffe a servi à décrire les relations entre personnes de genres, de sexualités, de rangs sociaux et de races différentes. Shakespeare a utilisé cette métaphore pour évoquer, par

---

32   B. Juniper et D. Mabberley, *The Extraordinary Story of the Apple*, p. 122.
33   K. Mudge *et al.*, « A History of Grafting », p. 451.
34   Stella Achilleos, « (Im)perfect Friendship and the Metaphor of Grafting in Shakespeare », *Études Épistémè : Revue de littérature et de civilisation (XVIe-XVIIIe siècles)*, n°33, 2018, p. 1.
35   Miranda Wilson, « Bastard Grafts, Crafted Fruits: Shakespeare's Planted Families », *The Indistinct Human in Renaissance Literature*, sous la dir. de Jean Feerick et Vin Nardizzi, Palgrave Macmillan, Basingstoke, 2012, p. 113-117. Cité par S. Achilleos, « (Im)perfect Friendship », p. 14.
36   Encyclopedia Britannica, « Faust », 2 septembre 2022, https://www.britannica.com/topic/Faust-literary-character.
37   K. Mudge *et al.*, « A History of Grafting », p. 486.

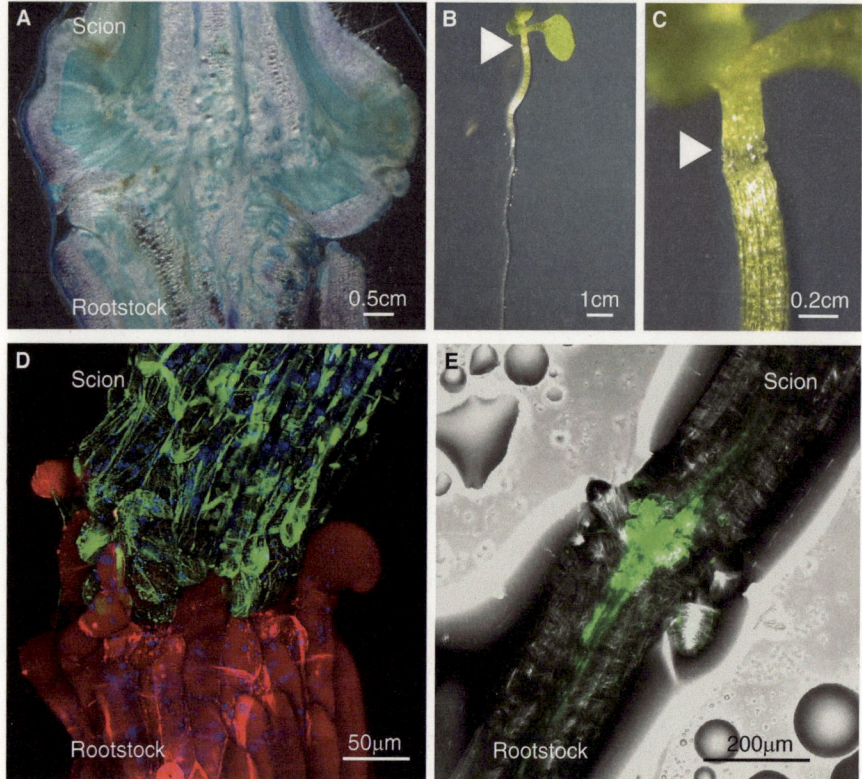

Fig. 13 Les techniques d'imagerie moderne permettent d'étudier la formation de la greffe à un niveau presque moléculaire. De haut en bas et de gauche à droite : tissus vasculaires colorés pour étude ; point de greffe après 10 jours ; interdigitation de protéines entre un greffon et un porte-greffe ; expression génique observée grâce à la fluorescence verte.

Fig. 14 Greffage in situ d'un arbre, illustration tirée de l'ouvrage de Reginald Scot et Leonard Mascall, *The Country-man's Recreation, or the Art of Planting, Graffing and Gardening*, dans son édition de 1654.

exemple, d'éventuels enfants du viol (« Cette greffe bâtarde ne poussera pas / Il ne dira pas, celui qui souilla ta souche / Que tu es le père nourricier de son fruit »), ou des relations sociales inappropriées entre un prince et les classes inférieures [38].

Quatre cents ans plus tard, la crainte de déranger l'« ordre naturel » par le mélange est toujours là, malheureusement, et donne prétexte à la violence et aux politiques racistes, homophobes, transphobes et xénophobes. Les conceptions étroites d'une nature à la pureté idéalisée restent puissantes, malgré notre compréhension plus riche des systèmes écologiques et des relations entre l'humain et la nature. Ces idées profondément enracinées expliquent en partie la persistance d'une paranoïa autour du greffage horticole, alors même qu'il devient de plus en plus nécessaire pour produire des aliments de façon durable.

Et en effet, au-delà des vergers et des vignobles, la greffe est maintenant utilisée pour multiplier à une échelle industrielle légumes et plantes herbacées. L'Asie de l'Est, moins riche en terres arables, a toujours été à la pointe de l'innovation en matière de greffage d'herbacées, et les chercheurs japonais, coréens et chinois développent des robots greffeurs depuis les années 1980 pour répondre à une demande croissante [39]. Ces robots, équipés de bras manipulateurs et de vision numérique, taillent et assemblent les délicats plants d'herbacées avec une précision et une rapidité supérieures aux capacités humaines. Certaines machines peuvent effectuer jusqu'à 1 500 greffes par heure, avec un taux de réussite de 98 % [40].

Jusqu'ici, utiliser la greffe pour produire les aliments de base était considéré comme très difficile, voire presque impossible, parce que la plupart des principales espèces cultivées n'ont pas de cambium, cette couche de cellules qui fusionne lors de la greffe. Mais une étude récente a montré que des tissus végétaux embryonnaires indifférenciés, comparables aux cellules souches humaines, peuvent se comporter comme le cambium et permettre des greffes entre différentes plantes comme le riz, le blé et l'igname [41]. [Fig. 13] Cette découverte ouvre de nouvelles pistes d'expérimentation pour adapter les plantes alimentaires de base au changement climatique qui amplifie les menaces telles que les maladies et les nuisibles. De plus, une autre étude a récemment montré que la technique d'édition génétique CRISPR peut être combinée à la greffe pour modifier les plantes, et améliorer avec une extraordinaire précision leur résilience face

---

38 S. Achilleos, « (Im)perfect Friendship », p. 2, 14, 16.
39 Chieri Kubota *et al.*, « Vegetable Grafting: History, Use, and Current Technology Status in North America », *HortScience*, 43, n° 6, octobre 2008, p. 1664-1669, https://doi.org/10.21273/HORTSCI.43.6.1664.

40 Guoping Yan *et al.*, « Grafting Robot and Relevant Key Technologies », *Agriculture*, 12, n° 10 (2022), p. 1-19, https://doi.org/10.3390/agriculture12101578.
41 Colin Turnbull et Sean Carrington, « A hard graft problem solved for key global food crops », *Nature*, 25 janvier 2022, https://www.nature.com/articles/d41586-022-00050-5.

au changement climatique, en découpant et unissant des génomes sans risque d'y introduire de l'ADN extérieur[42].

Certains observateurs s'inquiètent de cette convergence des technologies de la greffe et de la manipulation génétique. Les humains ont toujours joué aux apprentis sorciers avec ce qu'ils appellent la nature, mais ils ont bien dépassé aujourd'hui Faust et Frankenstein. Si nous nous mettons à produire plus vite que notre ombre des transformations génétiques héréditaires, cet excès, ajouté aux autres menaces qui pèsent sur la vie terrestre, pourrait engendrer bien pire que des monstres : une véritable horreur planétaire.

Mais ce moment de crise climatique montre aussi en quoi la greffe horticole mérite qu'on s'y intéresse. La greffe était un savoir-faire manuel, et elle l'est toujours, entre les mains de nombreux jardiniers. Aujourd'hui, des outils de pointe viennent compléter le traditionnel couteau à greffer, et la greffe se pratique à de multiples échelles, allant de la relation entre une plante et une personne à une production industrielle. Reste qu'elle s'enracine dans la remarquable faculté des végétaux à se régénérer, dans leur « plasticité, leur réceptivité [...] leur aptitude constitutive à la symbiose et à la métamorphose, [et] leur ouverture à l'autre, au détriment des identités figées[43] ». À l'heure où nous devons d'urgence nous rappeler la résilience et l'aptitude au changement que nous partageons avec les habitants de cette planète, nous pouvons reprendre des modèles négligés jusqu'à présent pour prendre soin de notre monde et le réinventer. Il y a beaucoup à apprendre de la façon ingénieuse dont la personne qui greffe travaille en solidarité avec la nature pour cultiver quelque chose d'utile et de merveilleux. [Fig. 14]

---

[42] « Breakthrough in Plant Breeding: Grafting and Mobile CRISPR for Genome Editing in Plants », Société Max Planck, 3 janvier 2023, https://www.mpg.de/19699730/1221-mopf-graftingmobilerna-149640-x.

[43] Michael Marder, « Grafting », Grafts, sous la dir. de Michael Marder, University of Minnesota Press, Minneapolis, 2016, p. 15. Cité dans S. Mattern, « Introduction », A City Is Not a Computer: Other Urban Intelligences, p. 8.

À CHICAGO,
DES OISEAUX
ET
DE L'ACIER

*   *
*   *   *

Mon père, Jim, construisait des ponts. C'est aussi lui qui planifiait les vacances d'été de la famille : nous nous entassions dans notre fidèle break Pontiac pour de longues virées sur les routes des États-Unis. L'itinéraire était censé nous permettre d'admirer des paysages extraordinaires, mais au fond, c'était un prétexte pour voir des ponts. Nous les collectionnions : les plus longs, les plus hauts, suspendus, à poutres, basculants ou couverts.
L'un des plus mémorables est un pont que nous avons emprunté bien des fois. Il se trouve sur la Chicago Skyway, appelée à l'origine « Calumet Skyway », du nom de la rivière traversée et de sa région ; cette autoroute à péage relie le sud-est de Chicago au nord-ouest de l'État voisin de l'Indiana, en longeant le lac Michigan. Les premiers kilomètres, la chaussée reste

au niveau des zones humides et des étendues d'eau ; j'ai souvent eu la joie d'y observer hérons, grèbes et oiseaux des grèves de toutes sortes. Mais seule cette perspective au ras du sol permettait d'apprécier ce monde aquatique florissant. Bientôt, la route s'élevait rapidement jusqu'à un pont en treillis, le High Bridge, qui nous enlevait jusqu'à la hauteur faramineuse de 38 mètres. À l'exception du conducteur, cramponné à son volant, on découvrait alors le fuligineux paysage environnant. Depuis la deuxième moitié du XIXe siècle, aciéries et autres usines d'industrie lourde s'étaient implantées à cet emplacement stratégique, près du lac. Aujourd'hui, cette zone est un crassier abandonné, parsemé de sites pollués par un poison invisible, déclarés hautement contaminés par l'Agence de protection de l'environnement des États-Unis (EPA). Mais durant ces étés des années 1970, les fumées crachées par les cheminées noires nous piquaient les yeux et le nez. La présence de modestes petites maisons nichées si près de ces inquiétantes usines fit naître en moi une sombre obsession : j'imaginais ce que ce serait de vivre là, de jouer sur des échafaudages et des roues géantes, de rentrer les habits maculés d'huile et de suie. Plus tard, j'ai rejoint le mouvement pour la justice environnementale après avoir pris conscience

de cette iniquité : des enfants vivaient vraiment dans
ce genre d'endroits, respirant un air chargé
de particules toxiques, comme
celles de coke de
pétrole.

***
*

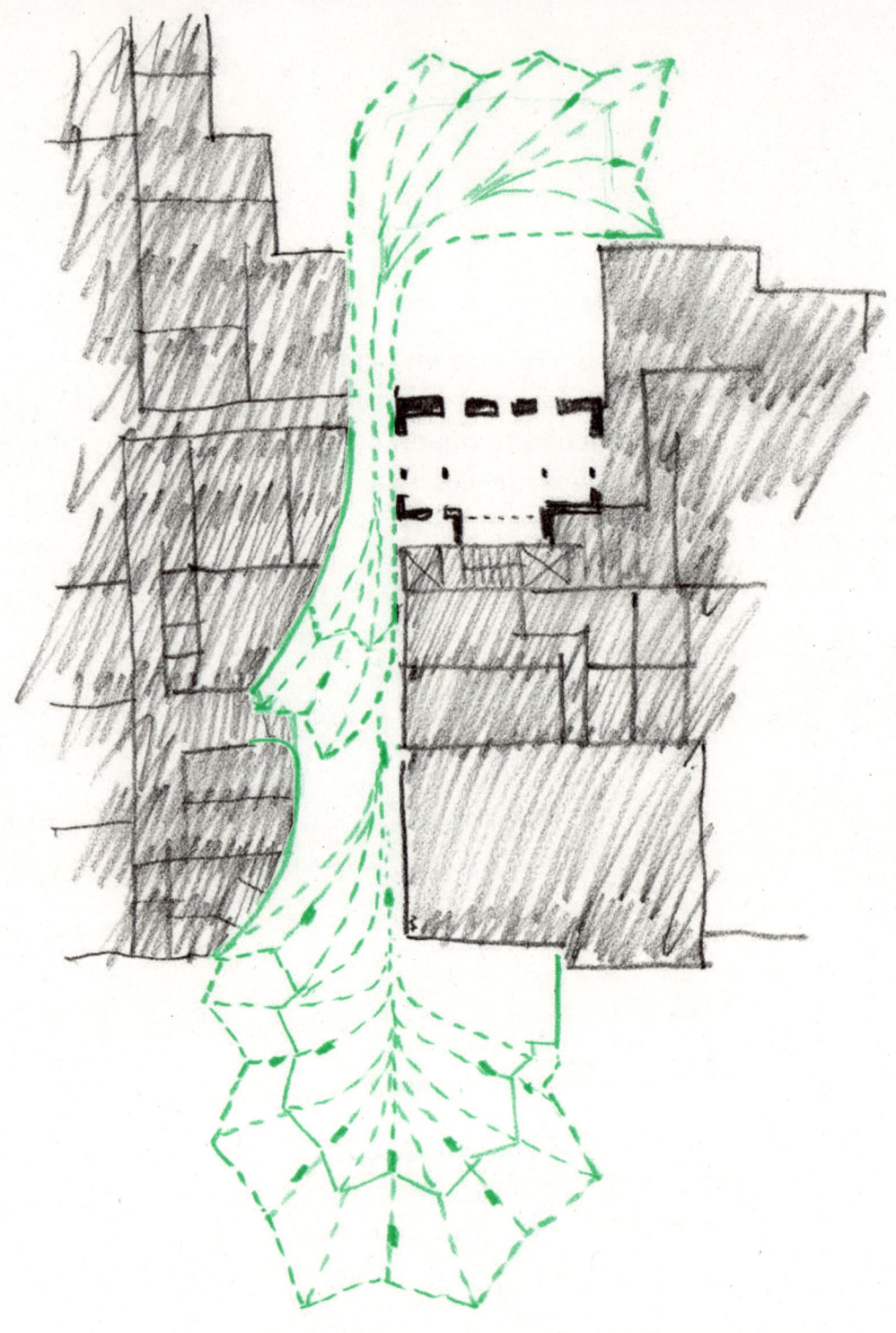

Fig. 15 Cette esquisse initiale du Musée des Beaux-Arts de l'Arkansas illustre bien le bâtiment de 1937, dont elle révèle la cour intérieure. S'y ajoute le nouvel axe de mouvement, aux extrémités nord et sud déployées sur le parc qui l'entoure.

CHAPITRE III

LE CREDO DE L'ARCHITECTE-GREFFEUR

EN DIX POINTS ET CINQ PROJETS

La vie sur notre planète qui se réchauffe impose de nouvelles exigences à l'architecture et aux architectes. Elle nécessite, d'abord et surtout, que nous réduisions radicalement les émissions de CO_2 générées par le secteur de la construction[44]. En même temps, elle nous oblige à loger une population de 8 milliards d'êtres humains qui continue de croître, majoritairement en zone urbaine. Sans compter les multiples autres problématiques : baisse de la biodiversité, transformation des industries, mutation des dynamiques politiques et sociales, et émergence de nouveaux modes de vie.

Le défi est paradoxal : il y a urgence à faire beaucoup, avec moins. Nous avons besoin de construire, mais le mieux serait sans doute de ne pas construire du tout. Alors, que faire ?

Les architectes ne peuvent plus éviter d'affronter cette contradiction. Un temps, nous nous sommes bercés d'illusions : pour résoudre le problème des émissions de carbone de l'architecture, il suffisait de construire des immeubles plus performants et moins énergivores. Toute une branche a épousé cette approche, les systèmes d'évaluation de performance se sont multipliés, et on est parvenu, dans une certaine mesure, à réduire les émissions. Mais ce large consensus et son partiel succès ont amené les architectes à croire que la réduction des émissions de CO_2 n'incombait qu'au côté technique de l'architecture. Le discours intellectuel et créatif a réussi à éluder la question, et le déni s'éternise.

Nous continuons de dilapider notre environnement bâti, en détruisant des immeubles existants et en abandonnant leurs matériaux dans des décharges polluantes, au prétexte qu'ils sont obsolètes ; c'est la fameuse « destruction créatrice » dont le capitalisme a besoin pour faire place à toujours plus d'innovations[45]. Autrement dit, les déchets font partie intégrante des systèmes fondés sur le capital. Malgré les nombreuses preuves des échecs et des dégâts du capitalisme, la vision moderne de progrès qui le gouverne reste très puissante. Si puissante que certains architectes choisissent maintenant de la suivre jusque dans l'espace. Ils sont prêts à quitter la Terre complètement, à laisser derrière eux une planète sinistrée pour coloniser Mars[46].

Nous n'arriverons peut-être pas à faire redescendre tout le monde, mais il n'est pas trop tard pour notre maison terrestre. C'est même le mo-

---

[44] Le secteur du bâtiment produit 21 % des émissions mondiales annuelles de gaz à effet de serre et 31 % des émissions mondiales annuelles de CO_2. Voir le Groupe d'experts intergouvernemental sur l'évolution du climat (GIEC), « Climate Change 2022: Mitigation of Climate Change », sixième rapport d'évaluation, contribution du groupe de travail III, 4 avril 2022, https://report.ipcc.ch/ar6/wg3/IPCC_AR6_WGIII_Full_Report.pdf.

[45] Pour un historique complet de l'invention et de l'utilisation du concept d'obsolescence, voir Daniel M. Abramson, *Obsolescence: An Architectural History*, University of Chicago Press, Chicago, 2016.

[46] Bruno Latour, « "We Don't Seem to Live on the Same Planet" – A Fictional Planetarium », in *Designs for Different Futures*, sous la dir. de Kathryn Hiesinger et al., Yale University Press, New Haven, Connecticut, 2019.

[47] B. Latour, « "We Don't Seem to Live on the Same Planet" ».

ment idéal pour faire émerger un nouveau système qui, suivant Latour, reconnaisse la liberté de tous les êtres vivants et les encourage à s'assembler entre agents libres pour créer des sociétés nouvelles[47].

Nous avons besoin d'un nouveau credo pour guider nos actions. Trop longtemps, nous avons écarté d'un revers de main le soin et la réutilisation de l'existant, les taxant de rétrogrades, traditionnels et antimodernes. Pourtant, ils nous obligent à être plus radicaux dans notre pratique. La greffe a sa place dans cette nouvelle façon de penser. En nous appliquant à découvrir la valeur de ce qui reste et à le réinventer, nous pourrons faire émerger une nouvelle architecture écologique qui transforme les déchets en or, et trouverons l'équilibre climatique tout en produisant quelque chose d'original, de passionnant, et même de joyeux, pour notre temps.

Greffe [gʀɛf]
Philosophie de création architecturale qui vise à valoriser le bâti existant en fixant des extensions neuves (les greffons) à des structures anciennes (les porte-greffes), de telle manière que les deux en tirent avantage. La greffe, en les reliant, crée une œuvre d'architecture nouvelle, plus vaste et florissante.

CREDO DE L'ARCHITECTE-GREFFEUR EN DIX POINTS

1 ENVIRONNEMENT

Tout comme les greffes de plantes vivantes sont assujetties à leur environnement, les greffes architecturales doivent aussi être adaptées aux conditions locales. Les greffes qui tiennent compte du climat ont une meilleure chance de survivre et de prospérer.

2 COMPATIBILITÉ

L'observation des greffes horticoles et des greffes spontanées nous apprend que deux végétaux, pour pouvoir fusionner, doivent être compatibles. Pour réussir une greffe architecturale, il faut donc, par une étude approfondie, trouver ce que les extensions pourront partager avec l'original. En identifiant ces points communs et en s'appuyant sur eux pour construire, on fera s'épanouir le projet final.

3 REDONDANCE

Quand les racines des plantes se greffent dans la nature, elles renforcent le système général de connexions qui leur permet de partager les ressources et de faire communauté. Plus les connexions établies sont nombreuses et les points de contact denses, plus la surface utile pour l'échange de molécules est importante. Cette multiplication des connexions favorise la croissance et le développement chez les plantes, et le même principe s'applique à l'architecture. Une forte densité de connexions entre l'ancien et le nouveau sera avantageuse sur les plans programmatique, structurel, et esthétique. En greffe architecturale, l'objectif est d'établir des réseaux de connexions à différents niveaux, pour permettre à différents immeubles ou à différentes parties d'une ville de fonctionner comme un tout unifié.

4 PRÉCISION

La greffe horticole pratiquée au-dessus du sol, contrairement à la greffe racinaire spontanée, exige un haut degré de précision géométrique. Une greffe exécutée grossièrement est vouée à l'échec. De même, en architecture, le succès d'une greffe dépend de la précision avec laquelle on aura ajusté les différentes parties. Pour réaliser une connexion élégante, il faut analyser avec soin chaque centimètre et l'apparier avec exactitude.

5 CAPACITÉ

En horticulture, le porte-greffe existant sert de fondation, tandis que le rôle du greffon est de grandir et de gagner en capacité. Sans le porte-greffe, le greffon ne peut survivre. De même, lors d'une greffe architecturale, le bâtiment d'origine ne peut pas être retiré entièrement. Néanmoins, on peut l'élaguer, tout comme la future extension ou le bâtiment à associer, pour leur permettre de mieux grandir, d'étendre leurs usages et d'améliorer la capacité d'accueil de l'ensemble. Le greffon architectural doit toujours apporter un bénéfice à l'original.

6 RÉCIPROCITÉ

Une fois greffés, greffon et porte-greffe restent génétiquement distincts, mais ils développent une aptitude à s'influencer mutuellement au plan physiologique. Si un bâtiment ou une ville sont correctement greffés, leurs parties s'influenceront aussi mutuellement. Cette réciprocité s'exprimera au travers des matériaux, des proportions, ou de la transformation programmatique. La réciprocité implique que l'ancien confère au nouveau ses qualités éprouvées, et que le nouveau, à son tour, enrichisse l'ancien. Greffer implique que l'ancien, bâtiment ou ville, ne reste pas tel quel.

7 FLEXIBILITÉ

Le porte-greffe d'un arbre fruitier peut recevoir dans le temps de multiples greffons donnant différentes variétés de fruits ; on peut même greffer un greffon sur un greffon. De même, l'objet architectural ou la ville greffée seront assez flexibles pour recevoir diverses options futures. La greffe architecturale réserve toujours des possibilités de modifications futures.

8 JONCTION

Quand des plantes sont greffées, la soudure sert de repère visuel entre l'ancien et le nouveau. Il s'y déroule un processus de guérison qui forme souvent un bourrelet ou un cal. Lors d'une greffe architecturale, le point de jonction doit aussi donner à voir l'histoire du projet. La pratique répandue de placer ce moment architectural majeur dans l'ombre d'un renfoncement donne un aspect visuellement lisse, mais on y perd le récit de la fusion entre les parties.

9 SOIN

Pour réussir une greffe horticole, il faut avoir bien étudié le porte-greffe, connaître la plante d'origine, apprécier ses qualités particulières, et avoir à cœur d'assurer son bien-être et sa longévité. De la même manière, réussir une greffe architecturale ou urbaine exige de dresser un bilan méticuleux de la structure ou du tissu urbain existants, et d'avoir à cœur de les perpétuer. Ce processus profondément satisfaisant pour l'architecte-greffeur est fait de recherches attentives et de la joie de la découverte.

10 PLAISIR

Un bâtiment, une ville correctement greffés seront jubilatoires à regarder et à vivre. Il y a une beauté inhérente à la transformation visible de quelque chose qui a été réparé et qui continue d'être utile, de croître et d'évoluer dans le temps, en tissant son propre récit. De même, face à un pommier greffé, le plaisir que l'on éprouve n'est pas fait de nostalgie. On se réjouit de voir un être vivant prospérer, et on se délecte de son fruit.

LA GREFFE ARCHITECTURALE PAR STUDIO GANG

Les cinq projets de Studio Gang décrits ci-dessous traduisent en pratique notre credo : adapter des constructions par greffage. Sans se prétendre de parfaits exemples, ils témoignent que la greffe est applicable à des programmes, dimensions et contextes géographiques divers. Cela donne une idée du potentiel de ce concept pour l'architecture de demain.

L'emblématique structure en forme de trèfle créée par Bertrand Goldberg assure, sur ce visuel, la fonction de socle d'où s'élance une nouvelle tour de 31 étages, destinée à abriter un centre de recherche.

HÔPITAL POUR FEMMES PRENTICE, GREFFE PAR SUPERPOSITION CHICAGO, ILLINOIS, ÉTATS-UNIS

En 2012, le Prentice Women's Hospital édifié par Bertrand Goldberg à Chicago risquait le boulet de démolition. Estimant que l'hôpital édifié 37 ans plus tôt était obsolète, son propriétaire s'apprêtait à faire disparaître l'emblématique construction au plan en feuille de trèfle, pour la remplacer par un laboratoire biomédical. Des architectes et l'opinion publique s'émurent du sort réservé à ce bâtiment, pionnier en son temps. C'est dans ce contexte qu'est née notre idée de greffe par superposition. Conçu à notre initiative, ce projet était motivé par un défi : créer un centre de recherche de pointe tout en préservant un élément du patrimoine architectural de Chicago et en améliorant son empreinte carbone. En résumé, nous voulions une solution qui embrasse le changement tout en mettant en valeur l'existant.

Pour l'esprit novateur de Goldberg, il fallait, dans un établissement hospitalier, offrir des vues dégagées au personnel soignant. C'est pourquoi l'architecte avait disposé au centre du plan non pas des ascenseurs mais le bureau des infirmières, en reproduisant autour d'elles le principe du panoptique. Dans l'espace central désormais vacant de ce bâtiment qui, selon nous, pouvait tout à fait se transformer en laboratoire de plus vastes dimensions, nous avons trouvé une possibilité d'extension. Si nous y installions des ascenseurs, des éléments structurels supplémentaires et d'autres infrastructures techniques, nous pouvions surmonter le tout d'une nouvelle tour, qui abriterait le laboratoire. Cela répondrait aux exigences du propriétaire tout en établissant une réciprocité entre l'ancien et le nouveau. Le cœur du bâtiment d'origine accueillerait les services vitaux ainsi que les accès à la tour. En outre, les courbes du trèfle influençaient la forme de l'extension, aux murs incurvés. Afin de renforcer cette compatibilité géométrique, nous avons conçu des espaces de vie entre les parties anciennes et nouvelles, comportant des jardins suspendus et des aires de détente pour les chercheurs, étudiants, patientes ou visiteurs.

La structure supérieure permet au bâtiment d'acquérir sa nouvelle fonctionnalité, en s'unissant au porte-greffe qu'est l'hôpital d'origine. À la fois pratique et visuellement frappante, notre solution de superposition perpétue avec hardiesse l'esprit d'innovation architecturale qui, à Chicago, est une tradition en évolution constante.

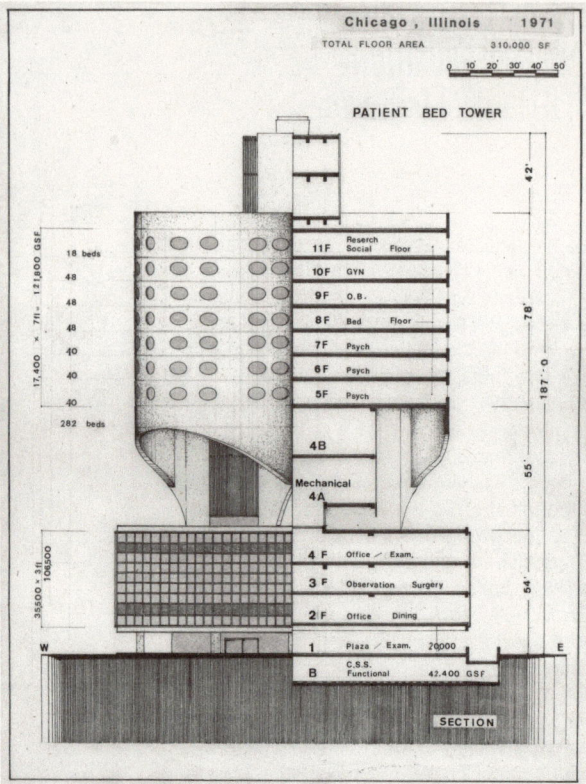

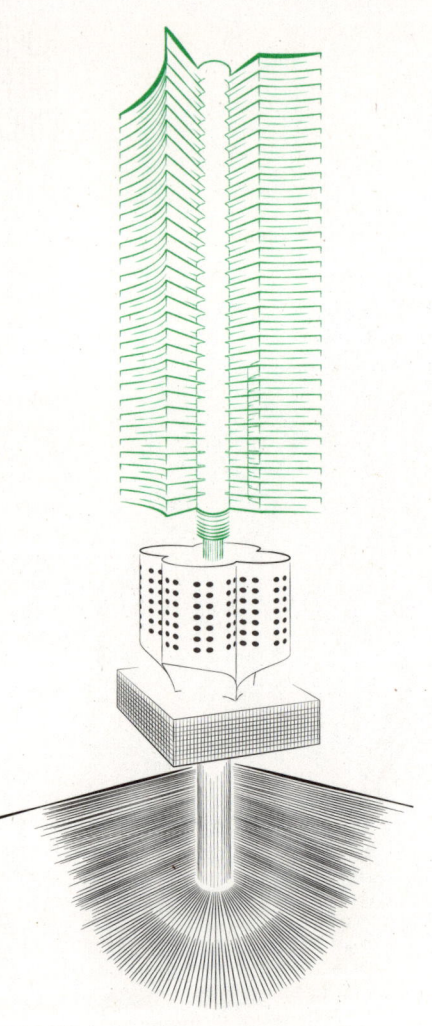

Le nouvel espace central est occupé par des ascenseurs et d'autres infrastructures desservant la partie greffée qui abrite l'établissement de recherche.

Comme le montre le plan de coupe du bâtiment d'origine, les étages techniques créent une séparation visuelle entre le socle rectangulaire et la forme courbe des étages supérieurs, où se situent les chambres d'hôpital.

Le bâtiment d'origine, ici en cours de construction, laisse voir son espace central dégagé, qui facilite l'accès au personnel médical rassemblé au cœur des services.

Dans la même logique que celle du bâtiment d'origine, nous créons une séparation, cette fois entre le volume en forme de trèfle et la tour qui le surmonte. Cette nouvelle séparation abrite le système d'aspiration ainsi qu'un toit en terrasse végétalisé et des jardins accessibles.
La géométrie concave de l'extension répond à la forme convexe d'origine, tout en poursuivant l'idée de superposition de volumes due à Goldberg.

Le credo de l'architecte-greffeur en dix points et cinq projets

MUSÉE DES BEAUX-ARTS DE L'ARKANSAS
LITTLE ROCK, ARKANSAS, ÉTATS-UNIS

Ce projet d'extension du musée réorganise sa croissance désordonnée pour en faire un nouveau centre de culture, à la fois dynamique et harmonieux. En près de cent ans d'existence, cette institution publique très populaire était devenue un dense agglomérat de structures tournées vers l'intérieur et coupées du parc environnant. Les programmations, internes ou publiques, des centres d'exposition, de l'école d'art et du théâtre pour enfants abrités dans l'enceinte du complexe se chevauchaient. Un remaniement radical du fonctionnement du musée s'imposait, tout comme un renouvellement de l'offre aux visiteurs.

Pour y parvenir, nous avons établi un plan d'élagage scrupuleux des volumes et murs excédentaires. Puis nous avons identifié des emplacements appropriés pour de nouveaux espaces d'exposition et programmes culturels. Nous avons traité l'architecture et le paysage comme intrinsèquement liés, en ouvrant les activités du musée sur le site et au flux de visiteurs.

Par la greffe précise d'une colonne vertébrale organique et organisationnelle sur la structure d'origine, le projet unit les volumes existants et en clarifie les connexions. De plus, les nouveaux accès intérieurs et extérieurs s'inscrivent dans un espace vert revitalisé. Le bâtiment s'épanouit ainsi vers le parc, en créant d'attrayantes destinations où admirer des œuvres dans un cadre informel, se détendre et rencontrer d'autres personnes. En créant un site où la culture et la nature se renforcent l'une l'autre, le projet ouvre une nouvelle phase de croissance pour le musée qui, en plus de développer sa capacité et son public, verra se régénérer son rôle et sa portée dans la vie locale.

La greffe minutieuse harmonise les extensions précédentes, disparates, pour former un lieu unifié, véritable « musée dans le parc ».

Lieux d'échanges sociaux et agréables compléments des espaces culturels et pédagogiques du musée, le restaurant et le salon culturel émergent d'entre les murs pleins des bâtiments existants.

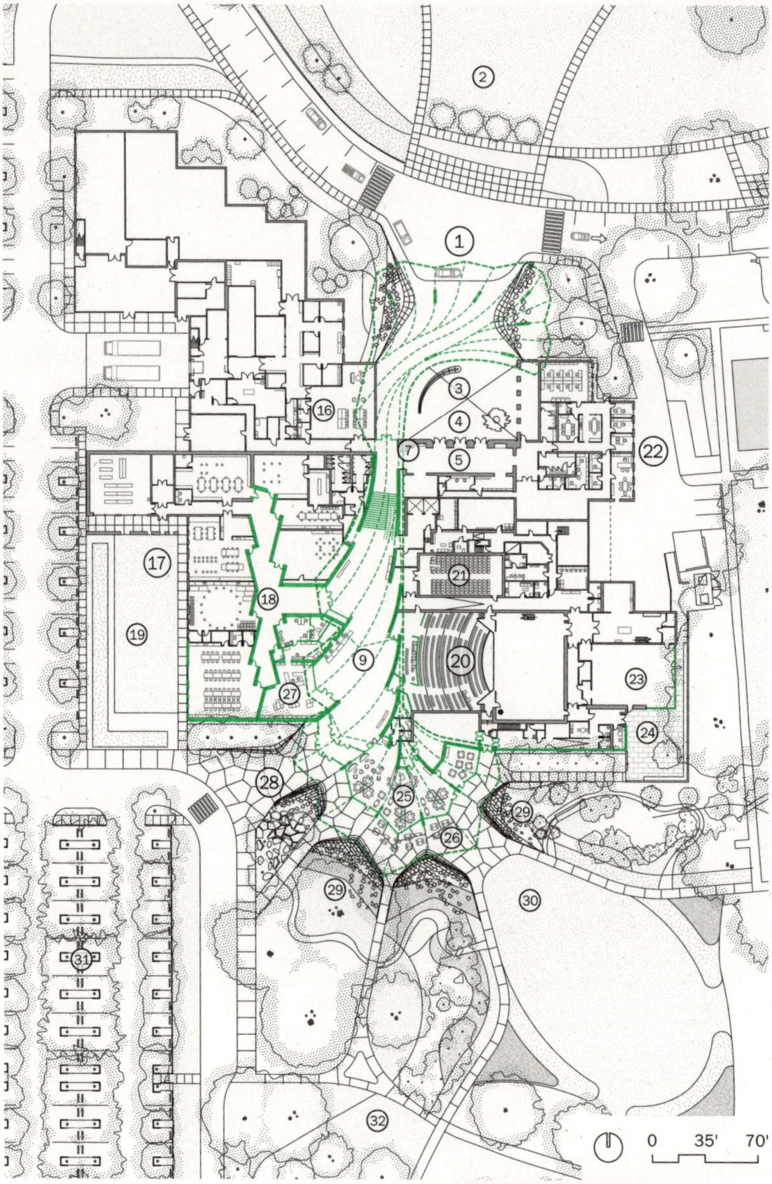

1	Cour d'entrée
2	Pelouse du Croissant
3	Cour
4	Façade 1937
5	Hall 1937
7	Grand escalier
9	Atrium
16	Centre de recherche sur les collections Terri et Chuck Erwin
17	École d'art Windgate
18	Galerie Robyn et John Horn
19	Musée en plein air
20	Théâtre
21	Salle de conférences Governor Winthrop Rockefeller
22	Aile administrative
23	Salle de répétition
24	Terrasse
25	Restaurant du parc
26	Terrasse du restaurant
27	Boutique du musée
28	Entrée du parc
29	Jardins en pétales
30	Pelouse « Évènements »
31	Parking ombragé
32	Parc MacArthur

Le plan au sol montre l'intégration de la nouvelle géométrie évasée dans l'existant, ce qui crée une réciprocité entre espaces utiles et zones de passage, tant à l'intérieur qu'à l'extérieur.

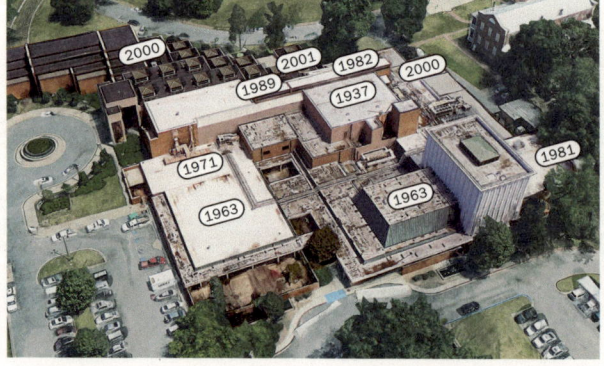

Le musée existant se composait de huit bâtiments, qui se sont développés sur près de soixante-dix ans.

58   CHAPITRE III

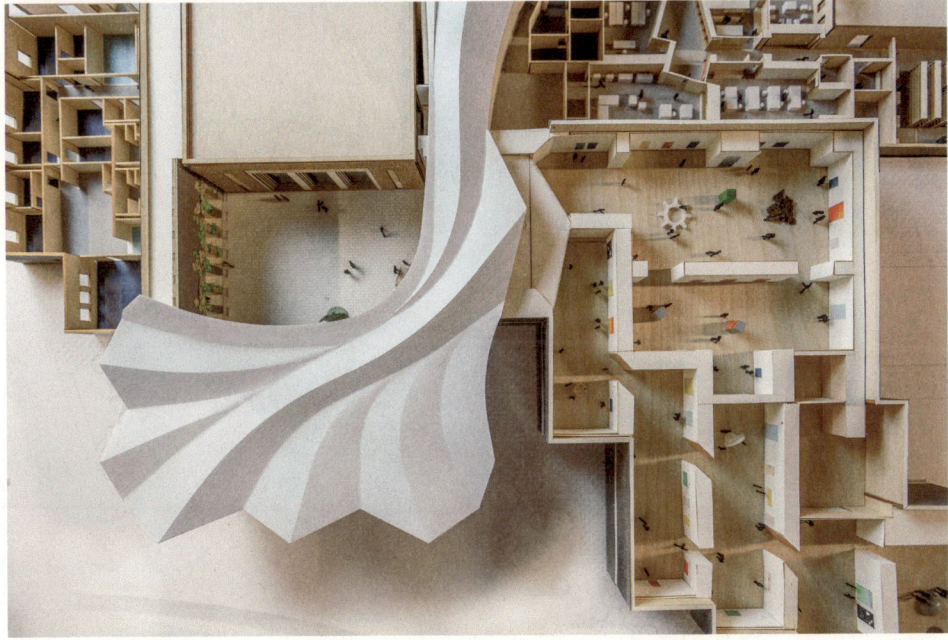

En haut : La surélévation, qui se prolonge en surplomb du parc, permet à la lumière naturelle d'animer les espaces publics.

En bas : La cour devant l'entrée nord révèle la façade de 1937 et valorise sa fonction d'accueil, tout en créant une nouvelle aire de rassemblement.

IMMEUBLE DE BUREAUX CB3
LA DÉFENSE, FRANCE

Construit en 1978 sur huit niveaux, l'immeuble de bureaux CB3 est une structure autonome qui se dresse à un emplacement de choix dans le quartier d'affaires de La Défense (à côté de Paris). Le propriétaire a décidé, plutôt que de le démolir, d'en faire un modèle du bureau de demain. Nous avons réimaginé le bâtiment pour qu'il puisse évoluer en fonction de futurs besoins et devenir un espace de travail plus esthétique et plus fonctionnel. La structure, poreuse et stratifiée, renforce non seulement les liens entre les personnes et leur environnement, mais aussi les relations sociales.

Un cadre d'acier léger est greffé sur les piliers et poutres de béton existants, de manière à créer des terrasses découvertes profondément insérées dans l'immeuble. Ces espaces de travail en balcons témoignent tant de la flexibilité que les bureaux repensés offrent aux utilisateurs actuels que des possibilités d'adaptations et de personnalisation au fil du temps. Selon le même concept, le projet ouvre la cour intérieure existante. Ainsi, le jardin s'inscrit dans un écosystème urbain qui relie lui aussi les gens entre eux, avec la nature et avec la ville.

À l'intérieur, où la structure de béton originelle demeure visible, des espaces propices au travail et à la concentration cohabitent avec des aires invitant à toutes sortes d'activités pendant les pauses.

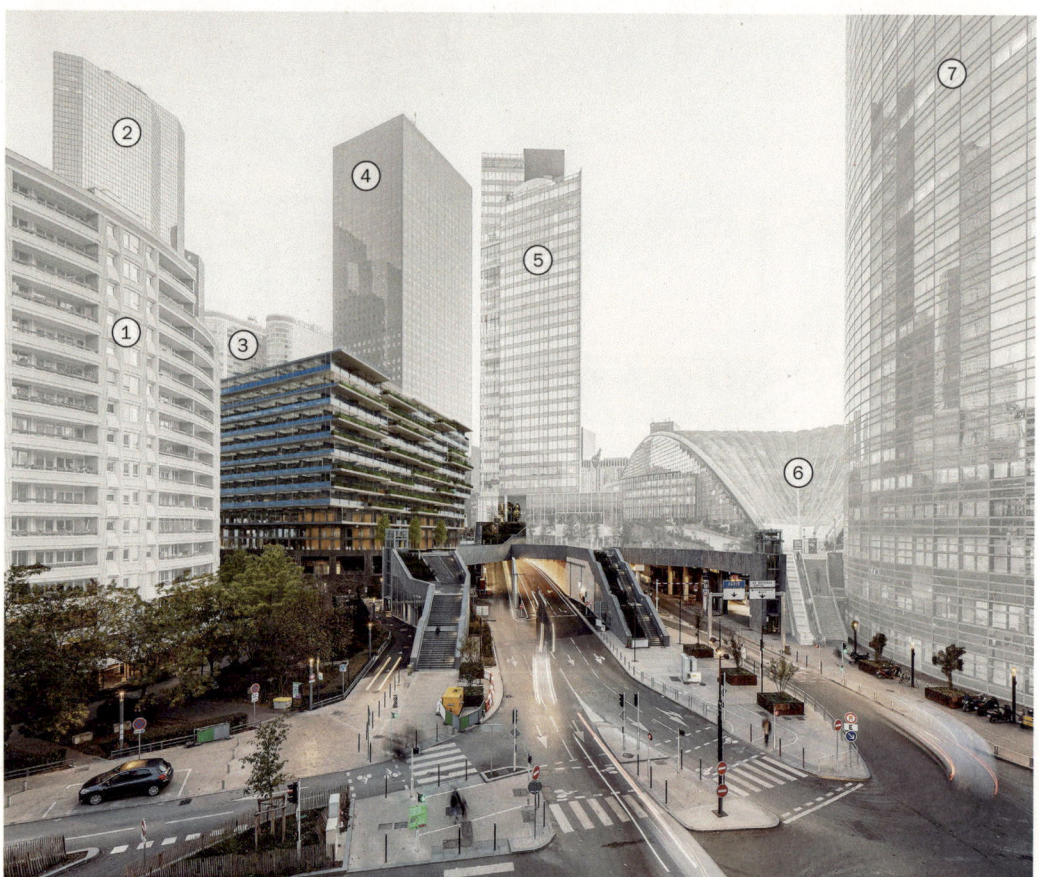

Vue du projet et de son environnement depuis le boulevard de la Mission-Marchand.

1 Résidence Maréchal Leclerc
2 Tour Total
3 Tour Cœur Défense
4 Tour Areva
5 Tour Trinity
6 CNIT
7 Tour Séquoia

Le bâtiment d'origine en béton et en verre, construit dans les années 1970.

Maquette structurelle du bâtiment d'origine.

La construction, aérée par la création d'ouvertures à des endroits choisis, s'agrémente de nouvelles terrasses. L'immeuble d'origine et sa cour intérieure fermée se transforment et deviennent un lieu de travail accueillant.

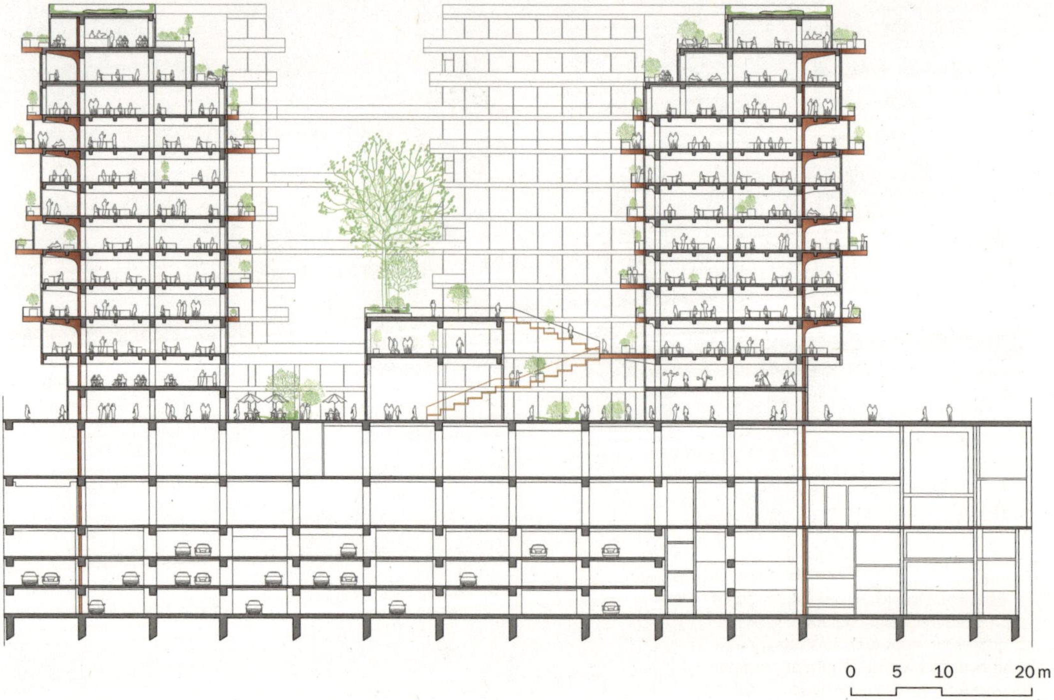

0 5 10 20 m

Greffée sur les piliers de béton originaux, la nouvelle structure en acier anime l'existant en dégageant des espaces pour toutes sortes d'activités : vastes terrasses pour des réunions ou évènements sociaux, petits balcons pour le travail individuel.

À La Défense, quartier construit sur une dalle et manquant de verdure, il importe plus qu'ailleurs, pour le bien-être des personnes qui y travaillent, de renouer avec la nature. Avec leur disposition décalée, les balcons greffés améliorent le quotidien des usagers en apportant de l'air, de la lumière et une vue sur un paysage végétalisé.

CENTRE DE RECHERCHE ET D'INNOVATION BIOMÉDICALES, NYIT
LONG ISLAND, NEW YORK, ÉTATS-UNIS

Situé dans les bois de Long Island, le New York Institute of Technology (NYIT) est un centre de recherche universitaire spécialisé dans les technologies et les sciences appliquées. Dans le cadre d'un projet plus large de revitalisation du campus universitaire, l'institut a voulu transformer un bâtiment au parement de briques plutôt quelconque en laboratoire de recherche biomédicale de pointe, qui soit aussi un lieu d'échange.

Inspirée des techniques de la greffe horticole, une nouvelle charpente vient s'ajouter à la structure originelle de béton et d'acier. Le bâtiment y gagne en clarté, la lumière naturelle pénétrant jusqu'au cœur de la construction. En plus de répondre aux nécessités des laboratoires, les plafonds surélevés permettent aux chercheurs de travailler plus agréablement dans des locaux spacieux.

La partie supérieure repose sur des poutrelles en bois lamellé-collé disposées en porte-à-faux par-dessus les rangées de piliers. Des potelets limitent la portée intérieure de ces poutrelles tout en soutenant le toit et en évitant le contreventement.

L'ossature bois est assemblée, sans extrusion, chacun de ses éléments étant clairement lisible. Elle avance vers le haut et vers l'extérieur, en s'élevant comme les branches d'un arbre dans la partie à claire-voie, qui laisse abondamment passer la lumière. La poutre de béton au niveau de la sousface d'origine définit une démarcation nette entre la construction ancienne et la surélévation. La lecture du bâtiment composite, avec cette claire-voie greffée reposant sur le cadre existant, révèle la réciprocité formelle des deux parties.

La nouvelle charpente en bois, en surélevant le bâtiment, instaure une atmosphère chaleureuse, en plus de baigner de lumière naturelle les espaces de recherche et de convivialité.

La légèreté visuelle et la transparence du bâtiment transforment le parvis en lieu de rencontre accueillant.

Le credo de l'architecte-greffeur en dix points et cinq projets

Les greffons de bois formant l'extension à claire-voie prolongent la poutre et les piliers existants.

Liste des matériaux utilisés dans le bâti existant, avec leur poids et leur carbone incorporé :

Dalle, béton armé	421,8 tonnes de béton 15,7 tonnes d'acier	61,2 tonnes de CO$_2$e
Solives des planchers de toiture, acier	21 tonnes	26,3 tonnes de CO$_2$e
Fondations, béton armé	122,9 tonnes de béton 5,9 tonnes d'acier	22,1 tonnes de CO$_2$e
Intérieurs et extérieurs, brique rouge	197 tonnes	20,6 tonnes de CO$_2$e
Poutres des planchers de toiture, acier	18,4 tonnes	19,4 tonnes de CO$_2$e
Piliers, acier	3,8 tonnes	4 tonnes de CO$_2$e

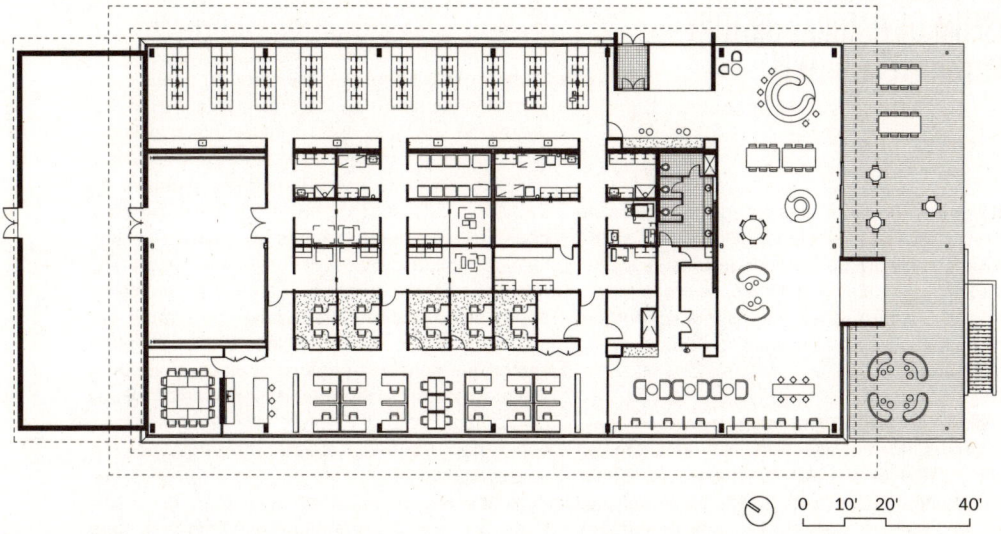

Le quadrillage de piliers existant permet d'organiser le plan et d'y disposer le hall, le laboratoire de recherche et les espaces de travail, autour du cœur du bâtiment, où sont installés les appareils sensibles équipant le laboratoire.

La surélévation à claire-voie greffée sur l'existant lui apporte de la lumière naturelle et de l'espace pour le système de ventilation.

Le credo de l'architecte-greffeur en dix points et cinq projets

CENTRE RICHARD GILDER POUR LA SCIENCE, L'ÉDUCATION ET L'INNOVATION, AMERICAN MUSEUM OF NATURAL HISTORY NEW YORK, ÉTATS-UNIS

Le Gilder Center est la plus récente extension du vénérable Musée américain d'histoire de l'art de New York. À l'heure où les connaissances scientifiques sont plus utiles que jamais, ce projet a pour objectif d'accroître, chez les visiteurs, l'enthousiasme et le plaisir que suscite la découverte du monde naturel.

Tournée vers l'extérieur et reliée à dix bâtiments préexistants, la nouvelle extension améliore les fonctionnalités et possibilités offertes au public sur la totalité du complexe muséal. En créant plus d'une trentaine de connexions supplémentaires avec les autres structures, elle permet aux visiteurs et au personnel de tracer à leur gré leur itinéraire entre salles d'exposition, salles de cours, réserves de collections et espaces de recherche. En effet, le projet comprend la suppression de certains murs, de manière à rendre visibles des fonctions jusque-là restées en coulisse. En dévoilant au public la gestion des réserves et les activités de recherche, le projet insuffle une nouvelle vie à l'institution.

La nouvelle aile, en plus de créer un flux continu entre les zones de passage existantes, a permis de relever un autre défi : il fallait poser précisément toutes les nouvelles structures sur les piliers porteurs existants et maintenir les espaces de livraison au-dessous du niveau du sol. Pour cela, nous nous sommes inspirés de processus géologiques qui accomplissent la même tâche. Les charges se transfèrent par les murs et arches du bâtiment, en contournant les ouvertures, modelant ainsi une architecture semblable à une formation géologique poreuse, que le vent ou l'eau auraient sculptée. L'arrivée dans cet atrium de cinq niveaux de hauteur invite à l'exploration. L'intérieur d'un seul tenant, en béton projeté, offre des vues sur les espaces environnants par des ouvertures aux doux arrondis, qui encadrent également les accès. Ces ouvertures laissent en outre l'air et la lumière naturelle pénétrer dans le bâtiment, qui se déploie en corolle vers l'extérieur, à la rencontre du parc et du quartier voisin.

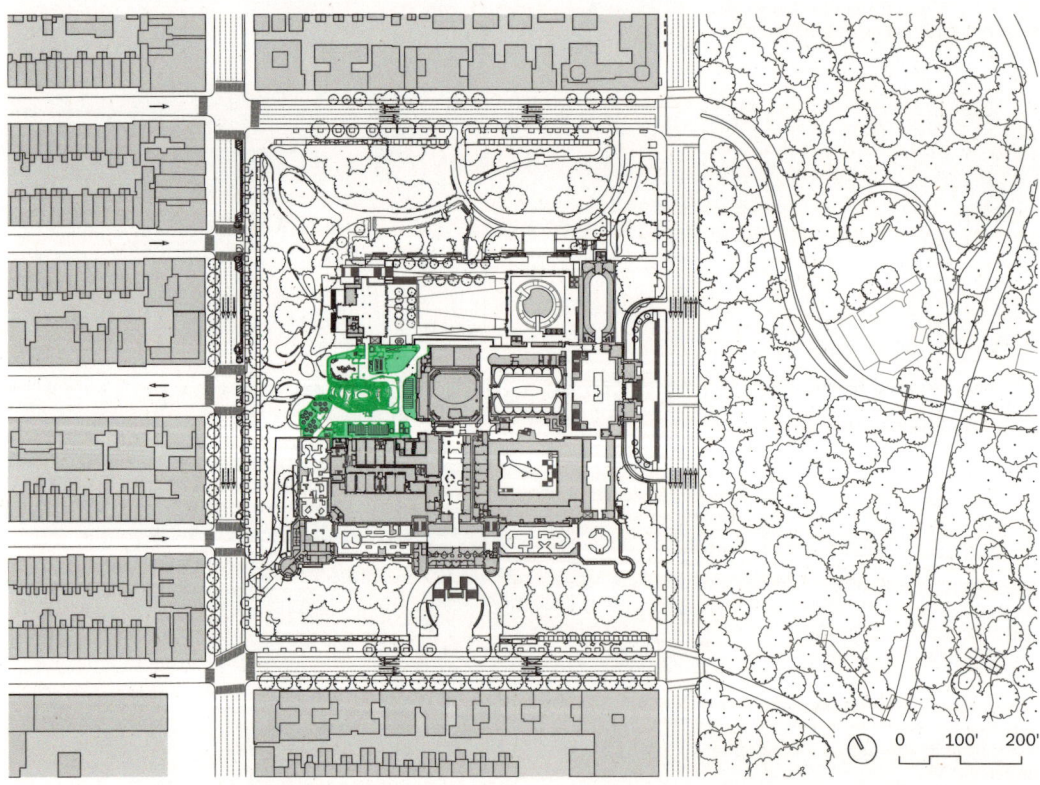

Étroitement imbriqué dans le complexe existant, le Gilder Center complète les circulations existantes par de nouvelles voies de passage. Il offre aux visiteurs une entrée supplémentaire et accueillante côté Columbus Avenue (Manhattan), en ajoutant une note de nouveauté dans le dialogue entre les célèbres édifices qui entourent Central Park.

Le credo de l'architecte-greffeur en dix points et cinq projets

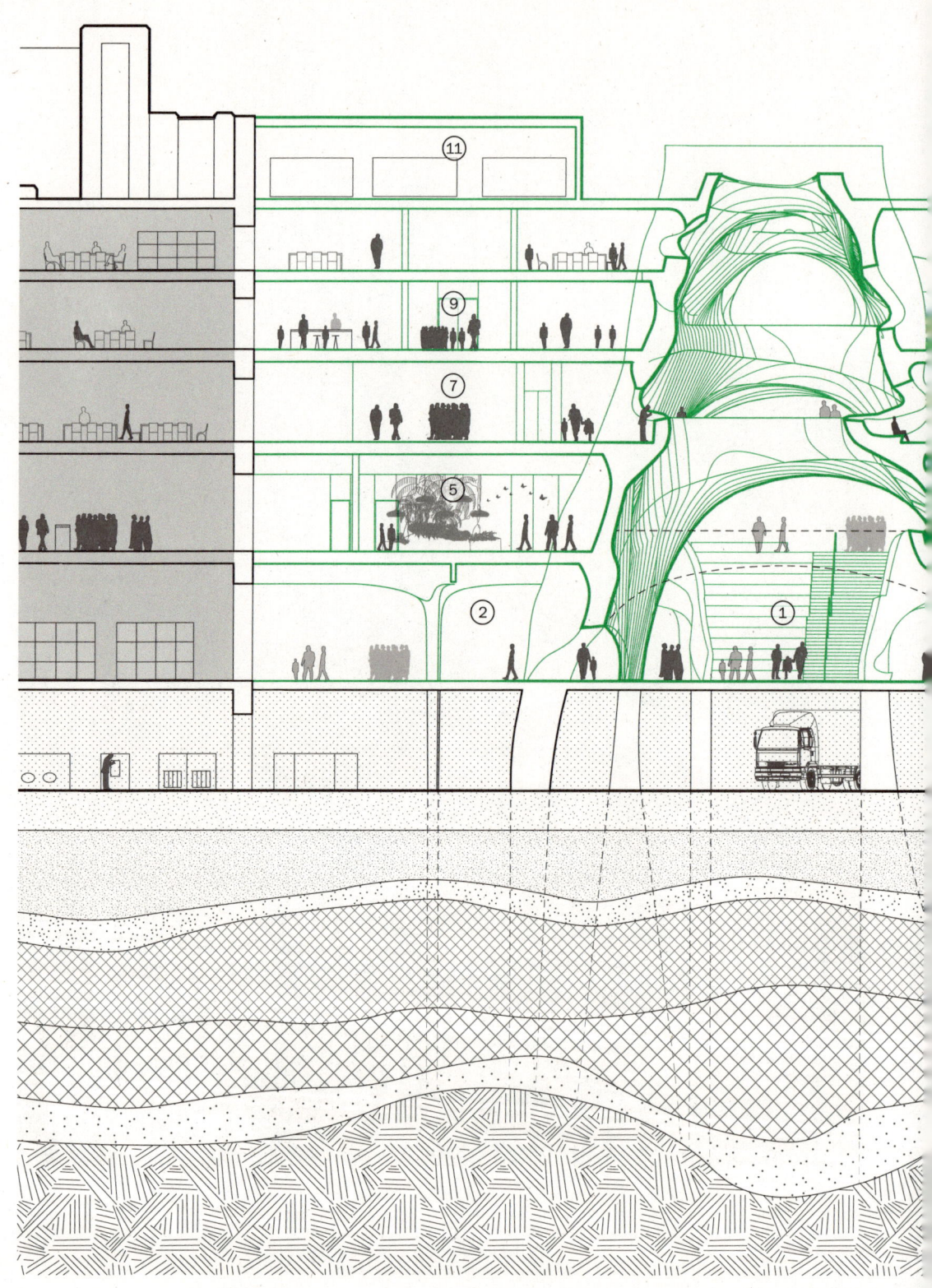

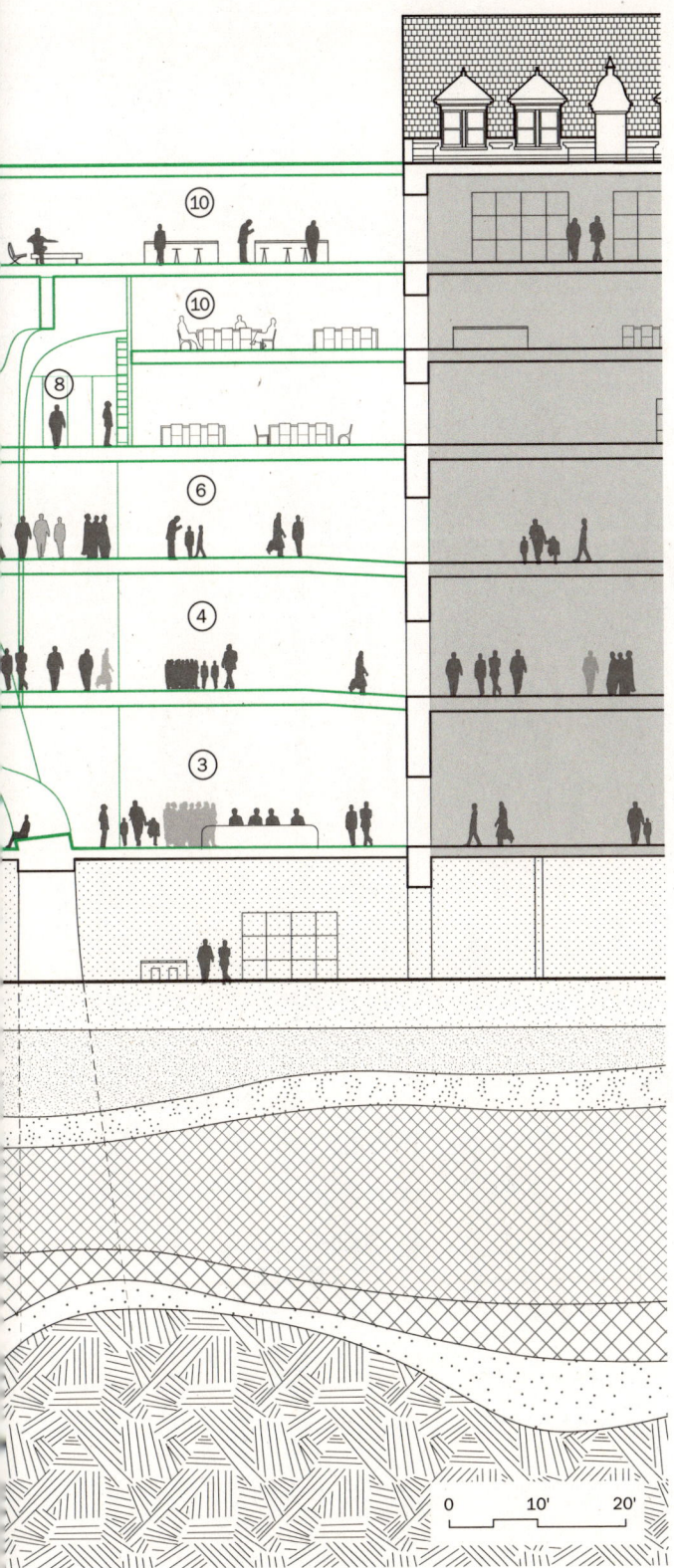

1. Atrium d'exploration Kenneth C. Griffin
2. Insectarium Famille Susan et Peter J. Solomon
3. Services aux visiteurs
4. Aire de curiosité Weston
5. Vivarium de papillons Famille Davis
6. Laboratoires d'étude
7. Immersion dans les mondes invisibles
8. Bibliothèque de recherche et centre d'étude David S. et Ruth L. Gottesman
9. Studio
10. Laboratoires scientifiques
11. Locaux techniques

La structure de l'atrium, qui relie les espaces d'exposition et de réserves adjacents, transfère le poids du bâtiment, avec précision, aux fondations existantes.

Le credo de l'architecte-greffeur en dix points et cinq projets

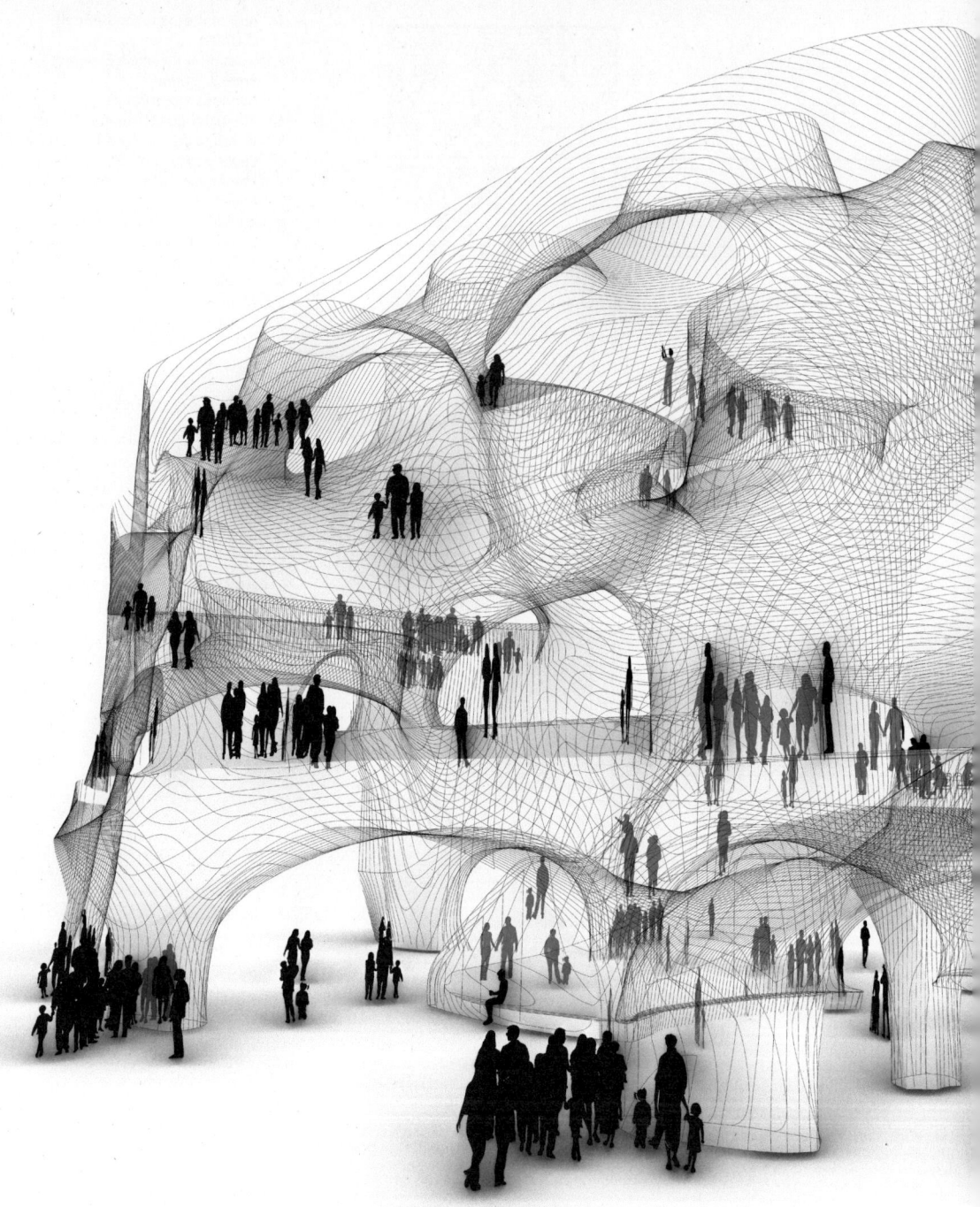

Cette perspective axonométrique de la structure interne de l'atrium souligne sa ressemblance avec une formation géologique poreuse. En favorisant la circulation des visiteurs, cette architecture les invite à l'exploration.

En haut : Passerelles et puits de lumière accentuent l'impression de découverte que ressentent les visiteurs en explorant le bâtiment. De plus, ils créent un lien avec des parties plus anciennes du complexe muséal.

En bas : En évidant le mur extérieur du bâtiment où elles étaient conservées sur plusieurs étages, on a rendu possible ce regard porté de l'extérieur sur les vastes collections d'objets et de spécimens du musée. De nouvelles vitrines offrent un aperçu des pièces récemment intégrées et des recherches scientifiques qui, plus loin, leur sont consacrées.

COMME L'OISEAU FAIT SON NID

*
*

Après
des années pas-
sées au loin, je suis revenue
à Chicago pour fonder ma propre agence
d'architecture. C'était comme renouer avec une ami-
tié d'enfance, et bientôt en resserrer encore les liens.
Je me trouvais souvent dans le South Side pour donner des cours ou pour répondre à de premières com-
mandes. Je découvrais la norme sur la surface au sol
des immeubles, le réseau d'assainissement mixte, la
complexité du code d'urbanisme… et aussi, les quartiers, chacun avec leurs communautés particulières, et
leurs problèmes respectifs.

En 2003, j'ai travaillé dans le Southeast Side à
l'occasion d'un concours international portant sur
Calumet, zone d'aciéries qui avait suscité ma curiosité
jadis en passant sur le Skyway Bridge et, plus récemment, à la lecture de *Nature's Metropolis*, de William
Cronon. Le Ford Calumet Environmental Center était
à la fois un lieu d'exposition, un centre de formation

aux métiers de l'environnement, un laboratoire d'analyse de l'eau et une maison des associations. À l'inverse de quartiers plus aisés, avec leur monoculture de gazon, la zone marécageuse négligée – et toute polluée qu'elle soit, car il s'agissait d'un ancien site industriel – où se dressait l'immeuble servait d'habitat à une faune variée, y compris des oiseaux migrateurs qui trouvaient là une aire de repos et de nidification. Un bon nombre de résidents, en plus de devenir de fervents ornithologues amateurs, avaient acquis une solide identité de quartier en militant pour une réhabilitation environnementale et des emplois verts. Bientôt, nous nous sommes joints à leurs réunions et sorties, bravant mares d'huile et tas de scories pour repérer toujours plus de hérons.

Pour faire leur nid, les oiseaux utilisent des matériaux faciles à se procurer à proximité, en dépensant le moins d'énergie possible. Leur exemple a servi d'inspiration pour la structure et l'architecture du centre, que nous aurions construit avec des matériaux de provenance locale, notamment de l'acier produit et récupéré dans le secteur de Calumet. Cette souplesse d'approvisionnement ne pouvait exister qu'avec la collaboration étroite de nos ingénieurs. Même les éléments structurels étaient conçus pour que leur assemblage en trépied comporte différents segments d'acier, en fonction des disponibilités.

Ce projet nous a en outre amenés à faire des recherches sur la construction sans danger pour les oiseaux, domaine dans lequel nous sommes depuis devenus experts. C'est aussi à cette occasion que nous avons proposé un nouveau système d'approvisionnement et de réemploi de matériaux, de sorte à réduire le carbone incorporé dans les constructions. C'était un objectif inhabituel à cette époque où le secteur du bâtiment visait surtout à réduire sa consommation d'énergie opérationnelle. En plus de limiter les émissions de carbone, notre choix de recyclage hyper-local visait à édifier un bâtiment qui incarne l'histoire de Calumet et de sa main-d'œuvre. Nous voulions aussi contribuer, aux côtés des habitants, à dépolluer le site tout en revitalisant l'économie du Southeast Side. Nous avons donné au projet le surnom affectueux de « Best Nest », le meilleur des nids. Même s'il ne s'est pas concrétisé, il était pour nous aussi réel que les liens que nous avions noués dans les zones marécageuses du Chicago postindustriel. Ces liens ont continué à se tisser, en pénétrant profondément, tels des racines, dans les sols pollués.

*
*

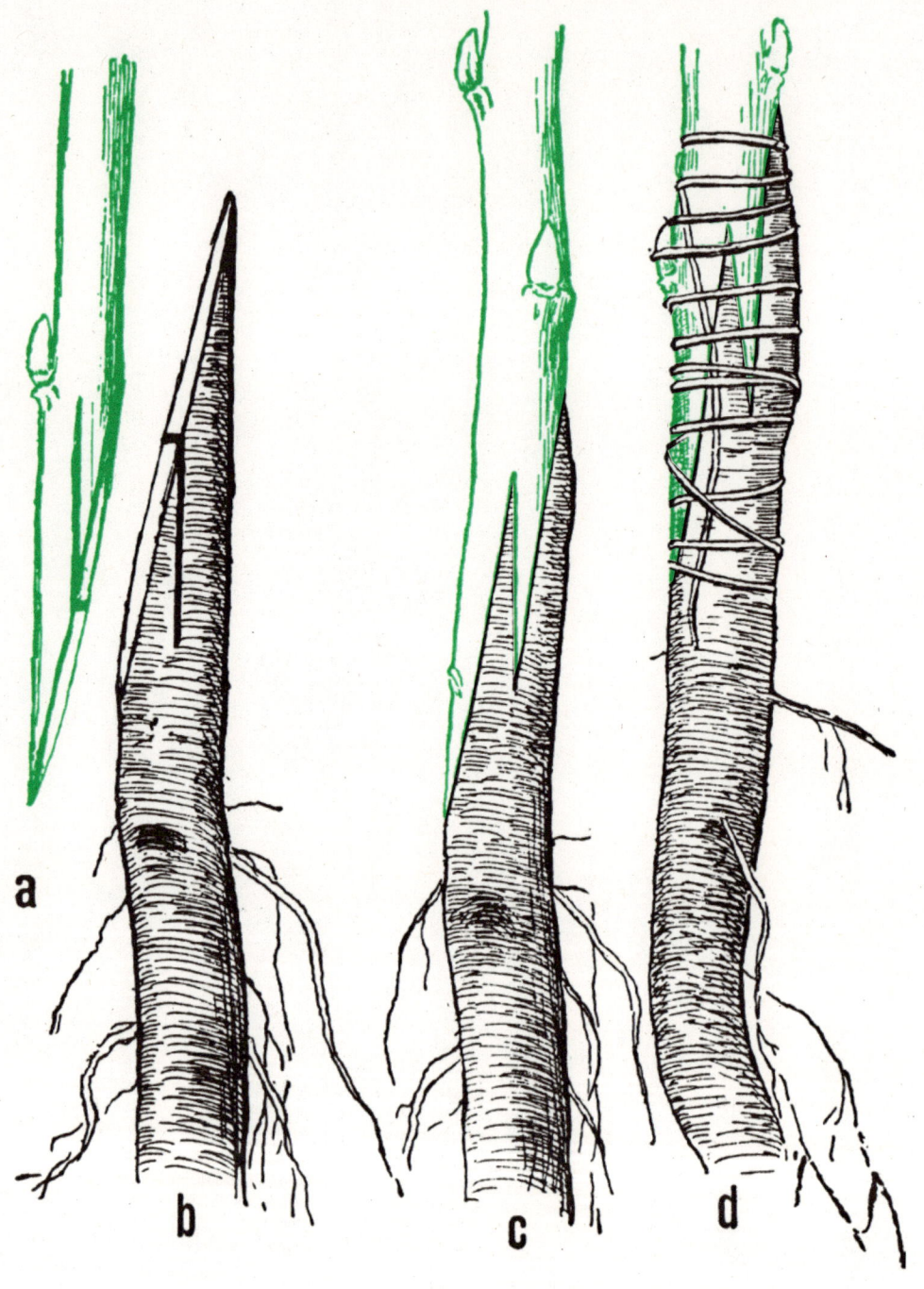

Fig. 16 Les étapes de la greffe racinaire, extrait du livre de Charles Stuart Gager paru en 1916, *Fundamentals of Botany*.

CHAPITRE IV
FORMES ET TECHNIQUES D'ASSEMBLAGE

L'être humain a un désir inné de relier des choses entre elles. Les adhésifs font partie des premières technologies connues : la plus ancienne colle, fabriquée à partir d'écorce de bouleau, remonte à 200 000 ans[48].

L'assemblage de matériaux est le fondement de la construction, quel que soit le type d'architecture. Les maçons créent des connexions géométriques grâce à la stéréométrie et au mortier, les charpentiers emboîtent des pièces de bois, et les tisserands nouent des fils entre eux. Pour Gottfried Semper, le nœud était l'élément premier d'assemblage en architecture, avec ses innombrables variantes décoratives et pratiques[49]. Aujourd'hui encore, si les procédés de fabrication et de construction sont très automatisés, assembler reste essentiel, qu'il s'agisse de superposition et d'encollage de bois lamellé-croisé (CLT) ou de jonction par fusion en impression 3D. On l'observe même chez les animaux : chez les abeilles, qui construisent leurs ruches en alvéoles géométriques, chez les araignées qui tissent leurs toiles complexes, ou chez les oiseaux qui fabriquent d'ingénieux nids en utilisant un principe structurel appelé *jamming*, ou blocage[50].

Dans les précédents chapitres, nous avons exploré les possibilités créatives et les risques potentiels présentés par le concept de greffe en architecture. Si nous nous concentrons sur ce qu'implique le principe de la greffe concernant la jointure, les réalités de la structure et de la construction viennent réduire notre champ de vision. Mais les critères stricts imposés par les transferts de charges font justement de la jointure le test ultime pour savoir si la greffe peut véritablement devenir architecturale à tous les niveaux. [Fig. 17] Peut-elle être un paradigme applicable pour le réemploi jusque dans le détail : le point critique où l'ancien et le nouveau se touchent ? Nous nous intéresserons spécifiquement au détail d'assemblage structurel, qui exige la plus grande précision et s'avère le plus pertinent pour le greffage, en comparaison d'autres types de construction, sans cesse modifiées de façon imperceptible et sans incidence sur le concept général. Par l'analyse de précédents horticoles et historiques, nous développerons une technique architecturale de la greffe capable d'assembler des parties dissemblables, mais aussi d'exposer les intentions de l'architecte-greffeur.

---

48   P. R. B. Kozowyk *et al.*, « Experimental Methods for the Palaeolithic Dry Distillation of Birch Bark: Implications for the Origin and Development of Neandertal Adhesive Technology », *Scientific Reports*, 7, 2017, https://www.nature.com/articles/s41598-017-08106-7.

49   Gottfried Semper, *Style in the Technical and Tectonic Arts; or, Practical Aesthetics*, traduit de l'allemand en anglais par Harry Francis Mallgrave et Michael Robinson, Getty Research Institute, Los Angeles, 2004, p. 219-226.

50   Karl von Frisch, *Architecture animale*, traduit de l'allemand par Paul Kessler, Albin Michel, Paris, 1975.

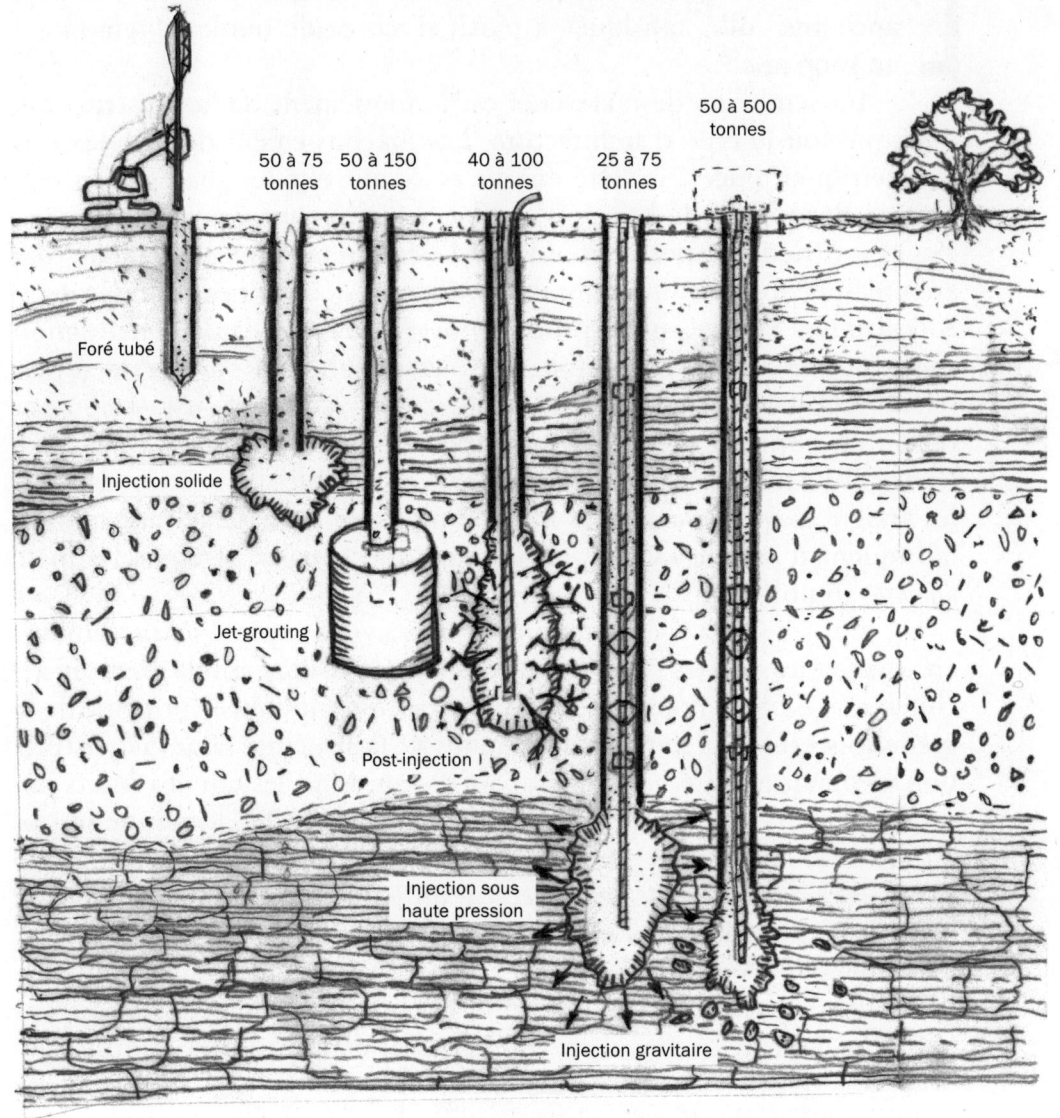

Fig. 17 La greffe architecturale n'est pas toujours une surélévation. Parfois, pour permettre à un bâtiment existant de supporter des charges supplémentaires, il est nécessaire de faire des ajouts souterrains, qui évoquent plutôt la greffe racinaire. Les micropieux en sont un exemple. De petit diamètre, ils peuvent être coulés en place, forés ou insérés dans presque tous les types de sols pour renforcer les fondations.

LA JOINTURE CHEZ LES VÉGÉTAUX GREFFÉS

Greffer des végétaux vivants nécessite de tenir compte de nombreux aspects interdépendants. Lors de la planification, le choix de l'emplacement de la greffe aura une influence cruciale sur la forme de la plante finale. Puis, lors du détail de la réalisation, la précision de la taille du porte-greffe et du greffon sera essentielle pour que leurs géométries s'alignent et que le contact soit continu. C'est seulement si elles sont bien alignées que les couches de cambium des deux plantes pourront fusionner, permettant la circulation de l'eau et des nutriments. Le couteau à greffer et autres outils doivent être désinfectés pour empêcher toute contamination de la plaie. Une fois que le contact est établi, leur connexion doit être solidement maintenue par ligature ou par pression, et les tissus mis à nu doivent être protégés de toute pénétration d'eau.

En horticulture, quand porte-greffe et greffon ne font plus qu'un, on observe habituellement que la soudure arrivée à maturité est plus épaisse que le reste de la branche ou du tronc. C'est que le tissu cicatriciel, appelé cal, qui se forme entre les deux végétaux doit créer des passages pour les forces et les liquides. Souvent, ces passages vasculaires s'entremêlent, leurs multiples croisements prennent de la place et sont source de faiblesse. Cette faiblesse sera compensée par un gonflement local. Et puis les plantes doivent générer une nouvelle enveloppe de protection contre les agressions extérieures, et cela augmente encore le volume du point de greffe.

Les schémas présentés ci-après [Fig. 18-23] illustrent différents types de greffe horticole. On choisira sa technique selon l'objectif de la greffe, la biologie des végétaux concernés, la dimension des parties de plante, et l'esthétique finale espérée, notamment la forme de la future inflorescence.

ADAPTER LA GREFFE À LA CONSTRUCTION

En architecture, la structure d'un bâtiment étant souvent la partie la plus gourmande en matériaux, c'est aussi la partie qui comporte le plus d'énergie grise. Quand on apporte des extensions à un bâtiment, il est donc essentiel d'utiliser au maximum la capacité de la structure existante, pour réduire autant que possible les émissions supplémentaires de carbone. La conception technique d'une greffe structurelle commence par les questions suivantes : quels matériaux veut-on assembler ? Quels transferts de charge le point de greffe doit-il supporter ? Comment la jointure sera-t-elle construite ? Et esthétiquement, faut-il cacher ces greffes ou les mettre en valeur ?

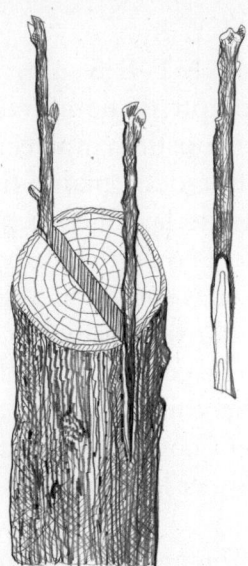

Fig. 18   Greffe en FENTE : Cette méthode simple est souvent employée pour changer la variété des arbres à fruits et à fleurs. Quand greffons et porte-greffe sont en dormance, on taille la base des greffons en biseau double, puis on les insère à l'extrémité d'une fente en V pratiquée au centre du porte-greffe. Les couches de cambium des greffons et du porte-greffe sont alignées, le contact maintenu par pression, et on couvre la greffe de cire ou de bande adhésive.

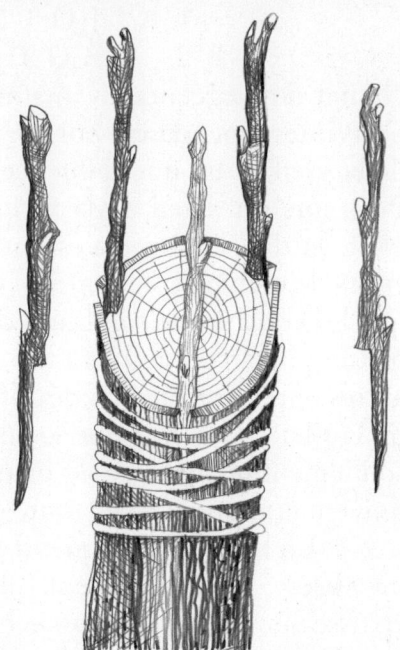

Fig. 19   Greffe en COURONNE : On taille plusieurs greffons sur un côté et on les glisse juste sous l'écorce, le biseau face au cambium du porte-greffe. Le contact est maintenu par un clou à travers la bande d'écorce soulevée. Cette méthode utilise la redondance pour conserver ensuite le greffon le plus performant et élaguer les autres.

Fig. 20   Greffe ANGLAISE : Ce type de greffe s'utilise pour assembler deux végétaux particulièrement compatibles. On taille en biais deux tiges de même diamètre, de façon à obtenir deux faces égales et opposables ; on les accole l'une à l'autre et on les attache ensemble avec de la ficelle. On couvre enfin la jointure avec de la cire ou du mastic pour en assurer l'étanchéité.

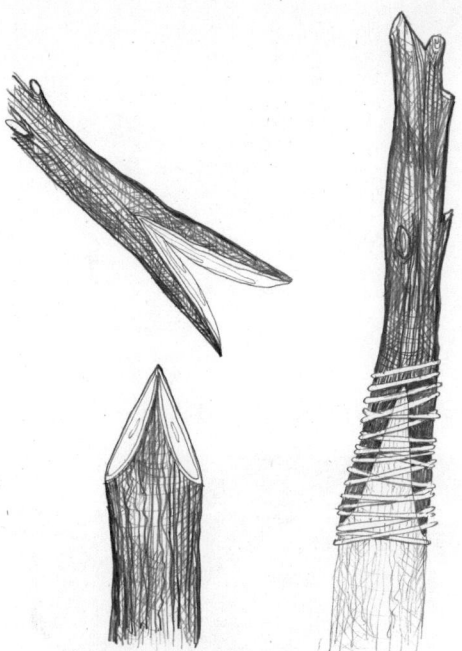

Fig. 21   Greffe À CHEVAL : Ici, on taille le porte-greffe vers le haut en V inversé, autrement dit en pointe. Dans le greffon, du même diamètre, on pratique une encoche qui épousera parfaitement la forme taillée du porte-greffe. La jointure est ligaturée et protégée hermétiquement.

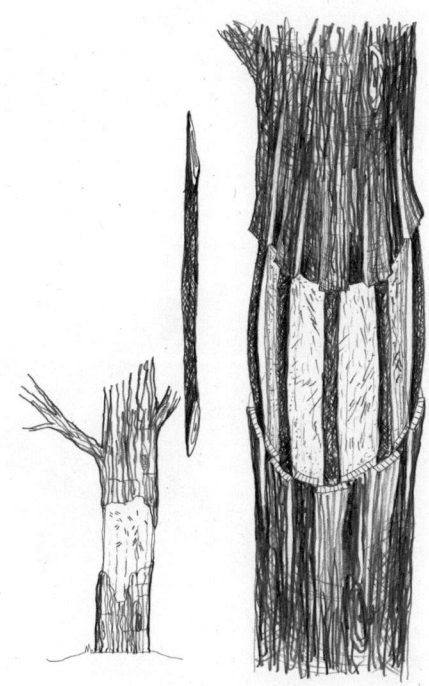

Fig. 22   Greffe en PONT : Elle est employée pour réparer les blessures d'un arbre, souvent près de la base. Le greffon fait office de pont entre les espaces situés au-dessous et au-dessus de la blessure, et permet à l'eau et aux nutriments de franchir la partie abîmée. Il peut aussi apporter un renfort structurel pour aider le porte-greffe à guérir de sa blessure.

Fig. 23   SURGREFFAGE : Ici, ce ne sont pas deux, mais trois végétaux qui sont assemblés. Cette méthode est utilisée quand la plante à fruits ou à fleurs que l'on souhaite obtenir ne peut être greffée directement sur le porte-greffe, pour des raisons de compatibilité. On utilise alors une plante intermédiaire pour garantir le succès de l'opération. C'est le cas par exemple lorsque l'on veut greffer certaines variétés de poirier sur cognassier.

Formes et techniques d'assemblage

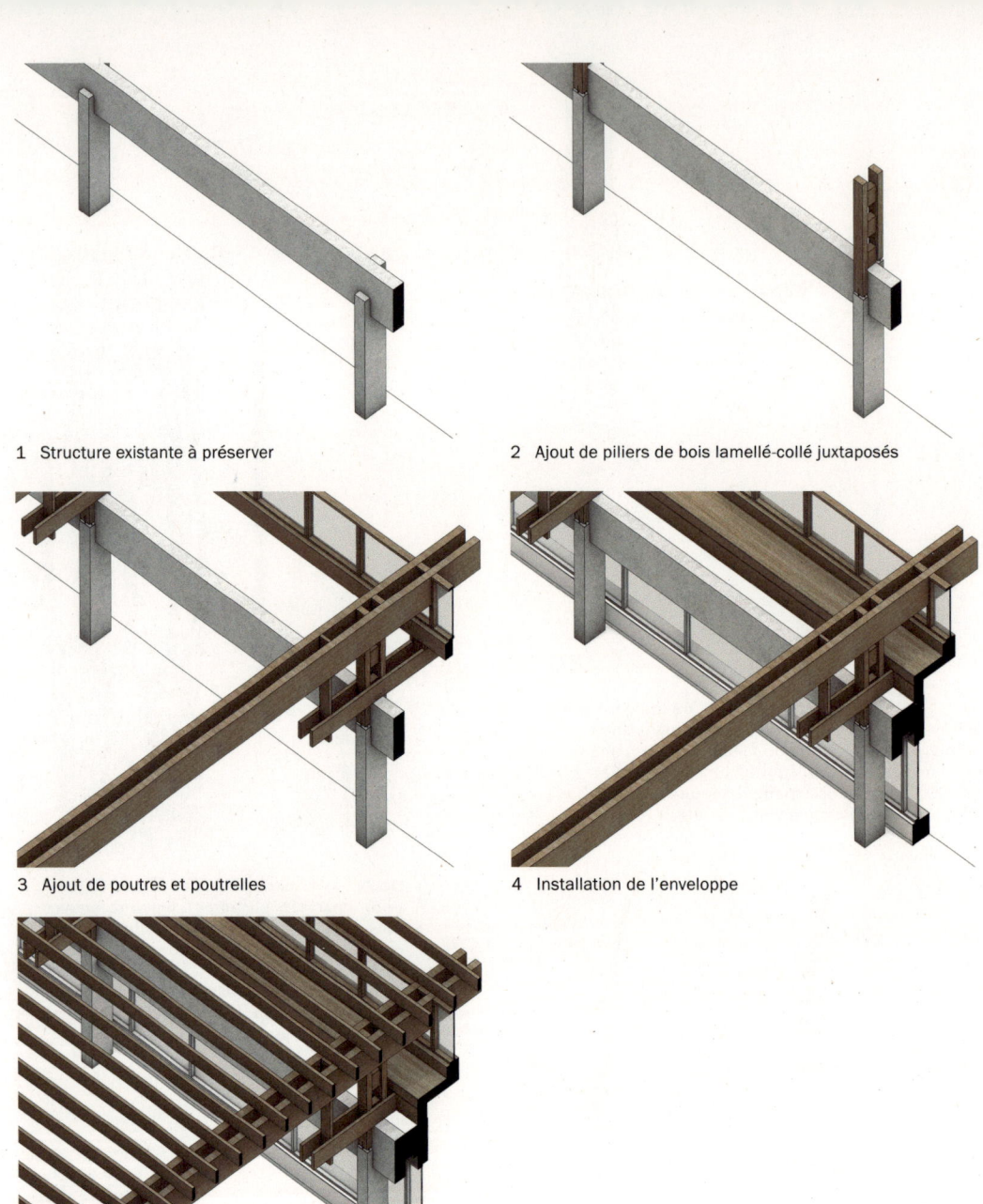

1 Structure existante à préserver

2 Ajout de piliers de bois lamellé-collé juxtaposés

3 Ajout de poutres et poutrelles

4 Installation de l'enveloppe

5 Ajout de chevrons

Fig. 24   Séquence de construction : fixation de la nouvelle structure en bois (le greffon) sur la structure en béton existante (le porte-greffe) du bâtiment du NYIT.

Studio Gang a réfléchi méthodiquement et en détail à ces questions à l'occasion de deux projets, explorant chacun l'intérêt d'un type de greffe horticole comme modèle pour l'architecture. Le premier projet étudiait la greffe à cheval, pour le bâtiment du New York Institute of Technology (NYIT) présenté au chapitre précédent. Le deuxième s'appuyait sur le principe du surgreffage pour concevoir une structure destinée à ombrager le toit-terrasse de nos bureaux de Chicago. Pour commencer, définissons les paramètres généraux.

Le tableau ci-dessous illustre les possibilités matérielles de greffage architectural, selon le greffon et le porte-greffe utilisés. Pour une greffe efficace, le matériau du greffon doit être moins résistant et plus léger que le porte-greffe, afin d'éviter d'infliger une trop grande contrainte à la structure existante. Greffer une structure en bois (le greffon) sur une structure en béton ou en maçonnerie (le porte-greffe) est particulièrement séduisant : cela réduit les émissions grises et répond à la nécessité de fixer le matériau le plus faible sur le matériau le plus fort.

	Greffon			
	Bois	Acier	Béton	Pierre et brique
Bois	oui (extension)	non	non	non
Acier	oui (greffe)	oui (extension)	non	non
Béton	oui (greffe)	oui (greffe)	oui (extension)	non
Pierre et brique	oui (greffe)	oui (greffe)	oui (greffe)	oui (extension)

(Porte-greffe)

À quels besoins structurels essentiels la jointure greffée doit-elle répondre ?
- Former un lien fiable et durable entre greffon et porte-greffe.
- Transférer toutes les charges dans le respect des tolérances de sécurité en vigueur.
- S'adapter aux variations de forme du porte-greffe.

LA GREFFE À CHEVAL

Dans le contexte du projet au NYIT, la greffe implique de fixer une construction neuve de bois d'œuvre et de bois d'ingénierie (aux dimensions standardisées et extrêmement précises) à des piliers existants, dont les dimensions précises sont inconnues. [Fig. 24] Il faudra donc mesurer et préparer le vieux porte-greffe de béton pour pouvoir lui ajuster avec exactitude le greffon de bois. La redondance est cruciale, ce qui signifie que chaque point de greffe aura de multiples connexions.

Fig. 25   À l'aide de la photogrammétrie, une maquette 3D du toit-terrasse a été réalisée, puis communiquée au fabricant pour recréer les particularités des contreforts existants et adapter précisément les nouveaux éléments intermédiaires (à droite, le prototype initial).

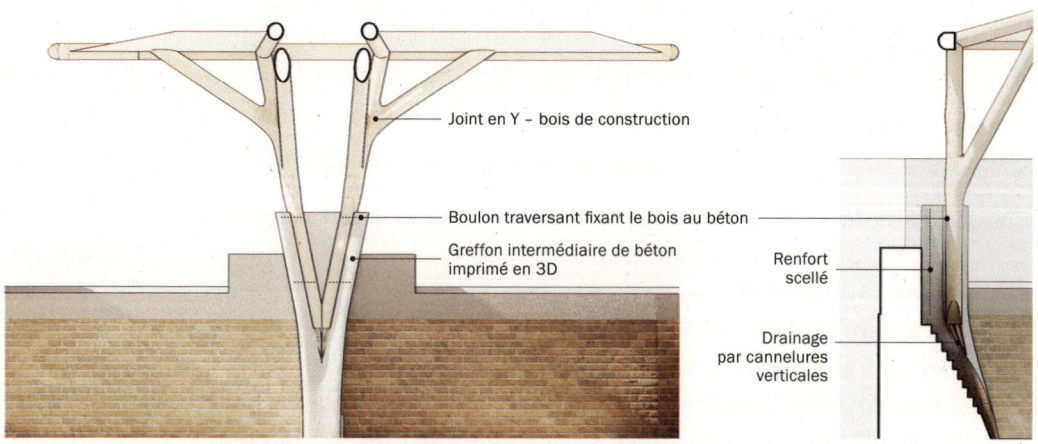

Fig. 26   Comme la nouvelle structure en bois ne peut pas être reliée facilement au parapet de brique, on a procédé à une greffe de béton imprimé en 3D. Le béton (l'intermédiaire) permet d'ajuster la géométrie et les efforts de la nouvelle structure en bois (le greffon) au bâtiment existant (le porte-greffe).

Comme en horticulture, la géométrie du greffon devra être adaptée à celle du porte-greffe. Mais le système doit être conçu pour pouvoir supporter d'éventuels défauts, avec des mécanismes d'ajustement pour chaque connexion ou un greffon assez flexible pour s'adapter.

Comme dans les greffes à cheval de végétaux, le greffon de bois du NYIT chevauche la poutre de béton existante. La nouvelle structure en bois est moisée à la structure existante par des ferrures ou des boulons traversants. Visuellement, ce détail marque le point de départ de la partie ajoutée. Du point de vue de l'expression tectonique, il s'agit d'un assemblage. La greffe à cheval appliquée au NYIT est relativement simple à calculer et à mettre en œuvre, car elle suit des principes de construction conventionnels.

LE SURGREFFAGE

Comment les technologies numériques actuelles rendent-elles possibles des greffes impensables auparavant ? De récentes avancées de la robotique devraient permettre d'intégrer les étapes nécessaires en un processus plus fluide et plus automatisé. Pour le surgreffage, nous pouvons envisager une méthode plus précise de réalisation de la jointure. En mesurant au laser la structure existante (le porte-greffe) et en produisant un connecteur (l'intermédiaire) par impression 3D robotisée, nous pourrons obtenir un point d'appui exact, fabriqué avec précision, pour l'extension légère (le greffon).

Contrairement à ce qu'il se passe en construction conventionnelle par assemblage, la pièce imprimée en 3D est conçue en fonction des besoins spécifiques, sans gaspiller de matériau. Comme pour le cal d'une greffe végétale, notre greffe requiert davantage de matériau au point de jonction qu'à distance de ce point. Avec des outils à commande numérique, nous pouvons placer précisément le matériau, et intégrer des fibres de renforcement au processus d'impression 3D, soit par extrusion avec le mélange de béton, soit par dépôt contrôlé entre les couches. La précision du procédé robotisé élimine le besoin d'ajustement manuel, et produit une transition efficace, élégante et visuellement fluide entre l'ancien et le nouveau[51].

Pour tester cette méthode de surgreffage, notre équipe a collaboré avec notre ingénieur structures et notre fabricant pour développer l'ombrière à greffer sur le toit-terrasse de notre siège à Chicago. [Fig. 25] À l'angle sud-ouest, là où l'ombre est le plus nécessaire, le bâtiment existant n'offre que des possibilités limitées pour soutenir la structure. En revanche, en

---

51 « Dans le futur de la construction grâce à l'impression 3D avec du béton projeté », KUKA AG, octobre 2020, https://www.kuka.com/fr-fr/secteurs/etudes-de-cas/2020/10/aeditive.

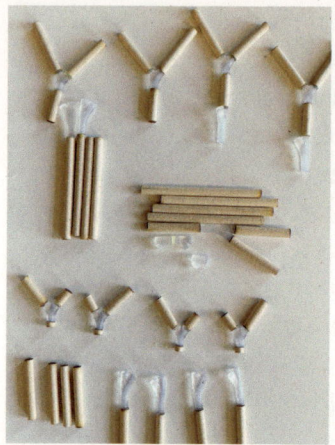  

Fig. 27   Léger, pauvre en carbone incorporé, le bois de construction autorise des essais pour l'utilisation en architecture de joints en Y issus de vrais arbres. Modélisations à l'échelle, maquettes et tests structurels ont permis d'étudier comment des tronçons de branches naturelles pourraient servir à assembler la structure pare-soleil.

Fig. 28   On a longtemps considéré les fourches des arbres comme des défauts structurels. Mais une analyse approfondie de tiges codominantes a montré que le bois présente en ces endroits un grain spécifique, très intriqué, et une densité plus élevée, qui sont source de force plutôt que de faiblesse.

deux endroits, de singuliers contreforts en maçonnerie renforcent le parapet : ils seront nos porte-greffes. Au moyen d'une technologie d'impression robotisée, nous fabriquerons deux connecteurs en béton bas carbone, qui serviront d'interface entre les contreforts existants et la nouvelle structure en bois[52].

Le surgreffage est une excellente approche pour réussir la transmission de moment sur notre ombrière. Les éléments intermédiaires imprimés en 3D reposeront avec précision sur la structure de maçonnerie existante, en procurant de la place pour le renforcement et de la stabilité pour la charpente en bois. [Fig. 26] Les deux connecteurs ont la même forme générale, mais chacun est parfaitement ajusté à la géométrie du parapet de briques qui se trouve au-dessous, ainsi qu'à celle du cadre de bois qui qui les surplombe. Ils sont conçus à coffrage perdu : on imprimera des enveloppes creuses, et on coulera le béton en place pour réduire le poids lors du transport.

Les projets du NYIT et du toit-terrasse de Studio Gang visent à allonger et à améliorer la vie de bâtiments existants en leur greffant des assemblages en bois de construction bas carbone. Les points de jonction de la greffe à cheval et de la surgreffe sont des modèles, construits avec des méthodes conventionnelles et non-conventionnelles, qui montrent comment des structures sous-employées et vieillissantes avec un surplus de capacité structurelle peuvent croître et s'épanouir. Leurs expressions tectoniques forment l'embryon d'une nouvelle classe de détails à développer pour les structures ainsi adaptées. [Fig. 27-28]

---

52   L'approche classique consisterait à préparer le porte-greffe existant en le renforçant par un ajout en maçonnerie ou en béton armé coulé en place, puis en y ajoutant un plateau d'acier auquel boulonner le greffon. Chacune de ces actions induit des variations géométriques, que l'on peut corriger manuellement à l'étape suivante.

NOTRE-DAME
DE LA
ZONE CRITIQUE

*
*
*

Cet
après-midi-là,
j'allais rencontrer Bruno
Latour pour la première fois. En che-
min vers le VIe arrondissement de Paris, j'ai traversé
en diagonale le parvis de Notre-Dame. Je me rappelle
m'être arrêtée un moment pour contempler la cathédrale. Elle n'avait pas encore subi l'incendie qui,
quelques années plus tard, allait presque la détruire.
Devant sa façade ciselée, je me suis prise à penser à
ses matériaux, à ses bâtisseurs, et aux rapports intri-
qués que cette construction avait tissés entre eux. Je
me suis représenté la carrière, à quelques kilomètres à
peine, d'où le calcaire lutétien était extrait par des
ouvriers avant d'être charrié à l'aide de bêtes de somme
jusqu'au chantier. Là, petit à petit, des artisans ont
taillé cette pierre en clefs de voûte et en délicates sculptures, qui ont ensuite rejoint voûtes maîtresses et
arcs-boutants. Levant les yeux jusqu'au toit, j'ai aussi

imaginé les forêts environnantes, où furent sélectionnés et abattus les milliers de chênes destinés à être débités à la main pour devenir les poutres d'une charpente dont la densité et l'ampleur lui ont valu cette appellation qui rappelle son origine : « la Forêt ».

Continuant mon chemin, je me demandai comment se déroulerait ma conversation avec Bruno Latour. La théorie de l'acteur-réseau, qu'il avait développée en France, était la meilleure façon d'expliquer l'esprit des travaux de notre agence, à près de 6 500 kilomètres de là. Puisque je travaillais maintenant à Paris, je voulais rencontrer le philosophe-anthropologue dont j'admirais la description des réseaux complexes qui forment notre monde, humains et non-humains, politiques et écologiques, comme ceux que nous avions identifiés pour la première fois autour de Calumet. Ce jour-là, notre conversation m'a montré que la curiosité intellectuelle de Bruno Latour s'étendait à tout et à tous, même aux architectes, apparemment si éloignés du champ de recherche d'un philosophe. Il a mis des mots sur la façon dont nous envisageons le travail de notre agence : une méthodologie de création qui s'intéresse non seulement aux constructions elles-mêmes, mais aussi aux nombreuses relations qu'elles peuvent susciter et nourrir. Il m'a parlé de la « zone critique », des interactions entre les différents éléments qui composent la croûte fragile de notre planète, cette couche très fine dont dépend toute la vie terrestre. Selon lui, les architectes ont un rôle décisif à jouer dans la zone critique, car ils sont capables de collaborer avec d'autres pour en modeler le matériau en habitations répondant à des préoccupations écologiques et sociales primordiales. Pas étonnant que beaucoup d'architectes aiment Bruno Latour : il nous voit pleinement.

Après
cette visite, je
suis rentrée chez moi d'un
pas léger, en repassant devant Notre-
Dame. Cette fois, c'est la beauté qui m'a clouée sur place. La façade crème de la cathédrale, baignée de lumière, se détachait sur un ciel indigo. D'autres passants s'étaient arrêtés. Sur le parvis, de parfaits inconnus discutaient, flânaient et même dansaient ensemble, rapprochés dans un tourbillon de vie par cette architecture de pierre et de bois.

*
*

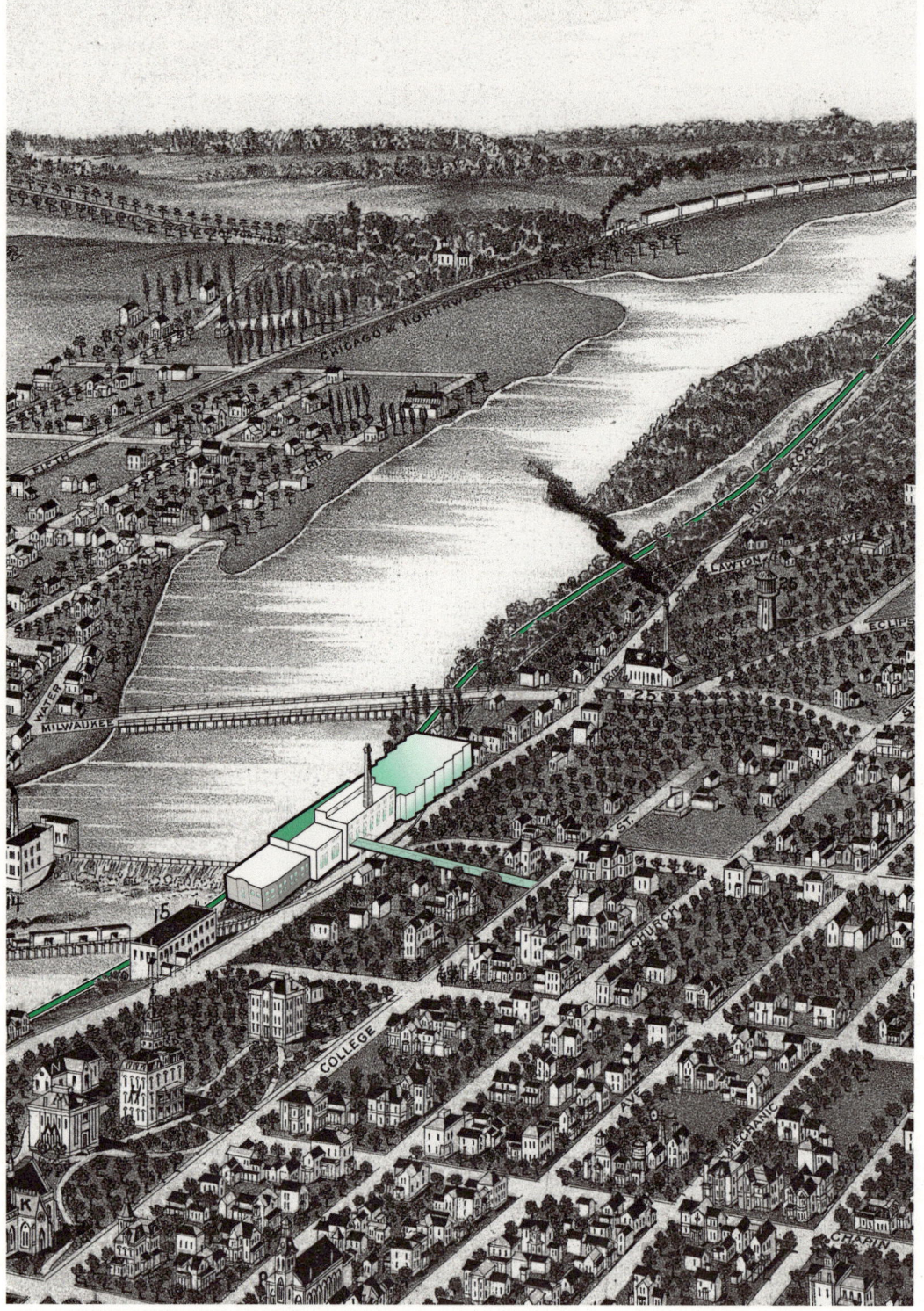

Fig. 29 La Centrale de l'université de Beloit, ancienne centrale au charbon transformée en lieu de vie et d'échanges, est née d'une greffe de connexion qui unifie le paysage postindustriel des berges de la rivière, le centre-ville et le campus de l'université.

CHAPITRE V

LA GREFFE EN MILIEU URBAIN

EXEMPLES ET PROJETS

> « La terre [...] n'est pas que le sol, c'est une fontaine d'énergie qui traverse un circuit de sols, de plantes et d'animaux. » Aldo Leopold, *Almanach d'un comté des sables*, 1949.

La greffe urbaine, tout comme la greffe architecturale, part de ce qui existe déjà pour créer un meilleur avenir. Si cette approche pratique semble assez simple pour aller sans dire, elle recouvre un esprit radical et une divergence délibérée vis-à-vis d'une attitude persistante dans les milieux de l'architecture et de l'urbanisme. Pour comprendre la greffe urbaine, il sera utile de décrire d'abord ce qu'elle n'est pas.

Bien des urbanistes reconnus de l'ère moderne n'ont pas jugé nécessaire de s'intéresser de près à la composition du sol, à la topographie, à l'écologie, aux matériaux de construction et aux communautés locales. Ils aspiraient à rompre nettement avec le passé, à s'affranchir de réalités et de spécificités gênantes. À leurs yeux, rien de plus beau qu'une page blanche sur laquelle esquisser leurs visions de villes nouvelles, idéales, dont l'organisation rationnelle associée aux technologies de pointe produirait des sociétés utopiques. Le défaut et le danger de cette approche, c'était son abstraction : en adoptant un point de vue macrocosmique, on pratiquait de la géométrie pure sur terrain vierge.

Pourtant, dans les premières décennies du XXᵉ siècle, et alors même que l'on dessinait ces plans qui devaient faire autorité, l'écologiste américain Aldo Leopold, parmi d'autres intellectuels, soulignait déjà les réelles limites de la capacité d'accueil de la terre. Au centre de son éthique de la terre, il y avait le postulat que les êtres humains font partie de la communauté biologique globale. Leopold défendait l'idée selon laquelle, pour préserver l'équilibre de la vie sur Terre, il faudrait que l'être humain passe du rôle « de conquérant de la communauté-terre à celui de membre et citoyen parmi d'autres de cette communauté[53] ». Dès les années 1950, le scientifique suédois Georg Borgström, par son concept d'hectares fantômes, évoquait avec force l'étendue des terrains extraterritoriaux nécessaires à la consommation alimentaire des riches peuples occidentaux[54]. La terre et les ressources étaient limitées, et certains y puisaient plus que d'autres.

L'attrait puissant de la table rase qui permet d'inventer des villes flambant neuves ne s'est pas démenti, malgré l'évidence grandissante de ses forts impacts négatifs, dont l'épuisement des ressources, la pollution et le déplacement des populations. Des projets contemporains, comme

---

53   Aldo Leopold, *Almanach d'un comté des sables*, traduction d'Anna Gibson, éditions Aubier, Paris, 1995, p. 258-257.

54   Georg Borgström, « Ghost Acreage », *The Future of Nature*, sous la dir. de Libby Robin *et al.*, Yale University Press, New Haven, 2013, p. 40-53. Première publication en Suède en 1953.

Fig. 30   Le plan directeur de Mies van der Rohe pour l'extension du campus de l'IIT à Bronzeville, quartier dynamique de Chicago traditionnellement habité par la communauté noire de la classe moyenne.

Fig. 31   Des jeunes de Bronzeville vont en cours près du complexe résidentiel Mecca Flats.

The Line en Arabie saoudite, se targuent d'être « une révolution en matière d'urbanisation», mais ne font que perpétuer des modèles dépassés en visant à édifier des cités gigantesques sur des écosystèmes fragiles et déjà habités.

Pour les villes existantes, les grandes visions urbaines ont souvent été comprises comme des solutions exhaustives et radicales à des problèmes complexes. Même quand l'intention était bonne, leur application complète a entraîné des répercussions sociales et environnementales nombreuses et étendues. Après la Seconde Guerre mondiale, le programme de rénovation urbaine aux États-Unis a détruit de vastes quartiers pour faire place à des projets à grande échelle. À Chicago, le complexe résidentiel prospère des Mecca Flats, haut lieu de la Renaissance noire à Chicago, a ainsi été rasé en 1952 pour faciliter l'agrandissement de l'Illinois Institute of Technology (IIT)[55]. [Fig. 30-31] Le combat des habitants pour sauver les Mecca Flats – qui furent remplacés par le Crown Hall de Mies van der Rohe, immeuble moderne bien connu, siège de la faculté d'architecture de l'IIT – fut l'un des premiers mouvements citoyens qui tentèrent de résister à ce type de rénovation urbaine. Prévu pour améliorer la santé économique des villes, il a pourtant souvent aggravé la ségrégation et nui au bien-être social et économique des habitants qu'il a déplacés[56].

Chicago a aussi été le lieu d'un projet monumental d'infrastructure visant à maîtriser la nature. L'inversion du cours de la rivière Chicago et son aménagement par un système de canaux connectés au Mississippi ont été perçus au tournant du XXe siècle comme une réussite en matière de santé publique. Mais aujourd'hui, l'immense « zone morte » dans le golfe du Mexique et les pertes qui en découlent pour les professionnels de la mer illustrent combien les conséquences en aval sont nombreuses lorsque l'on décide de transformer un riche écosystème fluvial en égout à ciel ouvert[57]. La conscience de ce genre de problèmes environnementaux partagés par des villes et des régions des États-Unis a pris de l'ampleur pendant les années 1960 et 1970. Les écrits de Rachel Carson ont attiré l'attention du public sur l'importance de protéger les écosystèmes des produits chimiques toxiques et autres polluants industriels, jusqu'à inspirer chez les architectes et les urbanistes un mouvement pour ramener la nature dans la ville.

---

55 Daniel Bluestone, « Chicago's Mecca Flat Blues », *Journal of the Society of Architectural Historians*, vol. 57, n°4 (décembre 1998), p. 382-403.

56 Une majorité de quartiers démolis dans le cadre de la rénovation urbaine étaient habités par des Noirs. Le processus s'ajoutait donc à la pratique excluante et raciste de la discrimination. Voir Richard Rothstein, *The Color of Law: A Forgotten History of How Our Government Segregated America*, Liveright, New York, 2017.

57 Henry Henderson, « World Toilet Day has a Different Meaning in Chicago », blog des experts du Natural Resources Defense Council, 21 novembre 2012, https://www.nrdc.org/bio/henry-henderson/world-toilet-day-has-different-meaning-chicago.

Aujourd'hui, de plus en plus d'urbanistes étudient en même temps l'environnement bâti et l'environnement naturel, d'autant que la résilience face au changement climatique est devenue une priorité. L'« urbanisme paysager », terme apparu en anglais au cours des dernières décennies, décrit et promeut cette approche[58]. Pensé comme une alternative progressiste aux modèles de planification teintés d'historicisme devenus populaires dans les années 1980, il encourage les urbanistes à tenir compte des systèmes construits et des systèmes naturels. Il veut se servir de leur évolution commune dans le temps pour organiser le développement urbain et faciliter l'adaptation. Ces dernières années, les urbanistes se sont davantage intéressés au tissu social des villes. Un nombre croissant de cabinets soucieux de justice sociale choisit de partir de la base pour envisager la transformation de la ville, et vient travailler dans telle ou telle communauté ou quartier marginalisés, désavantagés par de précédentes opérations planifiées d'en haut. Ces agences se donnent aussi pour priorité de rendre leurs processus, notamment la conception même, plus inclusifs, plus ouverts à tous les possibles, et de trouver des méthodes innovantes pour collaborer avec les habitants à des projets autonomes visant à davantage d'équité et de justice[59].

Le concept de greffe urbaine entre en résonance avec ces deux mouvements, et, en un sens, en fait la synthèse. Reconnaissant que nous vivons une situation d'urgence, les urbanistes-greffeurs renoncent à la page blanche pour s'intéresser aux particularités des habitants et du lieu ; ils apprennent à connaître leurs intrications et leur géométrie, et construisent des relations qui peuvent aider les villes à se réparer et à avancer. Pour eux, la terre n'est ni une donnée abstraite, ni une ressource à exploiter ; c'est un réseau complexe d'interactions et de significations culturelles, ancré dans un sol. Ce concept de la terre comme couche vivante de notre planète a été pensé de diverses manières, des écrits de scientifiques comme Leopold et Carson à la théorie de la « zone critique » qui a fasciné Bruno Latour, en passant par différents modes de connaissance indigènes. Les urbanistes-greffeurs peuvent se nourrir de tous ces points de vue pour travailler avec les habitants à augmenter les capacités de leur ville et de ses environs, en utilisant à fond ce qui existe, plutôt qu'en partant de zéro.

---

[58] Les textes fondateurs de l'urbanisme paysager sont *The Landscape Urbanism Reader*, de Charles Waldheim, Princeton Architectural Press, New York, 2006, et *Landscape Urbanism: A Manual for the Machinic Landscape*, de Mohsen Mostafavi et Ciro Najle, AA Publications, Londres, 2003. Le numéro de juillet 2022 de *a+u*, exceptionnellement coordonné par Henri Bava et Antoine Picon, étudie l'urbanisme paysager en France.

[59] Pour un catalogue varié de projets d'urbanisme à impact social, centrés sur des communautés, voir *By the People: Designing a Better America*, sous la dir. de Cynthia Smith, Cooper Hewitt, Smithsonian Design Museum, New York, 2016. Pour une exploration plus radicale de la création pour la justice, voir *Design Justice: Community-Led Practices to Build the Worlds We Need*, de Sasha Costanza-Chock, The MIT Press, Cambridge, Massachusetts, 2020.

Le greffage urbain étend les principes de la greffe architecturale à un éventail plus large d'objets existants : terrains déjà urbanisés mais sous-utilisés, quartiers, infrastructures, usines. Il les envisage tous comme des porte-greffes prêts à nourrir une nouvelle vitalité et de nouveaux réseaux d'usagers. Les espaces publics tels que les rues, les écoles, les bibliothèques et les parcs sont particulièrement intéressants, parce que ce sont des sites majeurs de rencontre entre personnes de milieux différents, et qu'il a déjà été montré qu'investir dans ces sites permet de s'attaquer aux inégalités systémiques comme de renforcer la cohésion sociale[60]. Même à cette vaste échelle, il est important d'être nuancé, attentif aux détails. La greffe sur espace urbain est une opération très spécifique, puisque chaque ville a son propre terrain, son architecture, son histoire politique et culturelle, et ses capacités existantes non utilisées. Tout cela doit être compris pour pouvoir être exploité. Mais le principe de la greffe peut être bénéfique dans toutes les villes. Il permet de rechercher des moyens de faire croître les villes sans trop les étendre, et sans les faire dépendre d'hectares fantômes pour la production de nourriture, d'énergie et de matériaux de construction. En même temps, il vise à minimiser notre empreinte environnementale, tout en redressant les torts commis dans le passé, et en aidant tous les habitants de l'aire urbaine à s'épanouir.

L'évolution des villes préindustrielles évoque souvent la greffe naturelle. Split, en Croatie, en est un exemple fascinant. [Fig. 32] La ville est née d'un palais de l'empereur romain Dioclétien du IVe siècle de notre ère. Puis des structures nouvelles, avec leurs utilités nouvelles, se sont entrelacées et mélangées aux anciennes, dont de nombreux éléments du palais d'origine, pour donner une ville vivante et vivable qui fonctionne encore aujourd'hui. Au fil des millénaires, différents maçons et bâtisseurs ont apporté leur contribution, si bien que l'évolution de la ville est à l'image de celle des arbres dans une forêt sauvage, où racines et branches se greffent naturellement sans l'intervention de jardiniers. On peut voir ces greffes aux apparences organiques dans tout Split. Elles se distinguent par la densité de leurs connexions et par une absence notable de pureté formelle. La cohésion architecturale de la ville est assurée par l'utilisation de la pierre calcaire extraite localement, employée différemment dans les constructions antiques ou modernes. Cette continuité visuelle, ce matériau à faible énergie grise sont la marque d'une connexion forte à l'environnement local, et rappellent les caractéristiques de la greffe naturelle. Ils créent une identité urbaine qui, accentuée par la lumière, la couleur, les sons et les odeurs, constitue une expérience sensorielle cohérente.

---

60   *The Power of the Commons: Impact and Opportunity in America's Public Spaces*, Reimagining the Civic Commons, 2023, https://civiccommons.us/app/uploads/2023/01/ThePoweroftheCommons.pdf.

Fig. 32 Le tissu urbain serré de Split, constitué de nombreuses constructions différentes au fil des époques, s'est développé à partir du palais de Dioclétien, avec son péristyle central. Utilisation de matériaux locaux, abondance de voies de circulation à l'intérieur de la ville, adaptation au climat méditerranéen : ici, l'architecture vernaculaire montre comment la greffe urbaine fait grandir la ville et sa vitalité.

Fig. 33 Au SESC Pompéia, Lina Bo Bardi a apporté des formes nouvelles avec les salles de sport et le centre culturel, mais a aussi réparé avec soin l'ancienne fabrique de fûts tout en l'investissant de nouveaux usages.

Ce type de croissance urbaine organique s'observe dans le monde entier, y compris dans les villes d'aujourd'hui, denses et informelles. Ces exemples pourraient en amener certains à ne voir dans le greffage urbain que de simples adaptations locales ou une façon de « construire sans réfléchir », plutôt que de le considérer comme une partie intégrante du travail de création. Pourtant, greffer pour faire croître la ville est un concept qui doit être étendu en architecture, et non écarté d'un revers de main. Les solutions de l'architecture vernaculaire offrent des exemples précieux de la manière dont la greffe pourrait être appliquée largement, transcendant les disciplines d'un point de vue scientifique et artistique, pour élaborer des stratégies adaptées à des configurations urbaines variées. Parmi ces stratégies, on peut imaginer des greffes programmatiques, pour parvenir à une utilisation plus complète des lieux, ou pour résoudre des problèmes précis, comme l'extension d'immeubles traditionnels pour accroître le parc de logements. Le concept de la greffe peut également inspirer des solutions pour réaffecter des paysages pollués à de nouveaux usages productifs. En tant que procédé, il peut servir de modèle d'intervention, que le site concerné soit une favela, une capitale européenne ou une proche banlieue postindustrielle.

Le projet du SESC Pompéia à São Paulo, au Brésil, est l'exemple même du greffage urbain intentionnel. [Fig. 33] Cette opération, conçue et réalisée par l'architecte Lina Bo Bardi entre 1977 et 1986, a transformé une ancienne usine de fûts en acier en un centre de culture et loisirs. Lors de sa visite initiale du site, Bo Bardi a dit que la structure originale lui tenait à cœur et qu'elle avait « immédiatement pensé qu'il était de notre devoir de la préserver[61]. » Elle a élaboré son projet (qui portait sur la fabrique, un solarium, deux nouvelles salles de sport et un centre culturel) à partir des activités spontanées qu'elle observait sur le site. Intégrant à son travail les structures existantes et leurs usages, elle a créé une composition d'ancien et de nouveau, mariant son modernisme d'Européenne au caractère de son Brésil d'adoption. Ses ajouts expressionnistes dialoguent avec le bâtiment d'usine d'origine, trouvant des points communs dans les matériaux, l'échelle, l'espace public et un programme réfléchi. Bo Bardi a décrit cela ainsi : « C'est vrai, et cela provient de mon histoire d'Européenne, mais je n'oublie jamais de tenir compte du surréalisme des Brésiliens : leur inventivité, le plaisir qu'ils ont à se rassembler, à danser et à chanter[62]. »

---

61   *Lina Bo Bardi*, sous la dir. de Marcelo Carvalho Ferraz, Charta & Instituto Lina Bo e P. M. Bardi, 1994, p. 220.

62   M. Ferraz, *Lina Bo Bardi*, p. 231.

LA GREFFE URBAINE CHEZ STUDIO GANG

Chez Studio Gang, pour nos travaux à l'échelle de la ville, greffer relève d'une sensibilité créative et d'une méthodologie pour relever les défis du XXIe siècle. Voici quatre de nos projets, qui donnent un aperçu des différentes échelles d'intervention et des nombreuses possibilités sociales et écologiques que peut faire émerger cette façon de travailler.

La Canopée du Couchant, pilier du nouveau parc, contribue à faire des berges du fleuve, auparavant industrialisées, un lieu public valorisé et apprécié.

L'ancien parc Tom Lee était une grande pelouse sur une digue artificielle constituée de matériaux de rebut. On a commencé par ajouter du terreau vivant, première étape pour créer un écosystème plus sain et plus riche en biodiversité.

PARC TOM LEE
MEMPHIS, TENNESSEE, ÉTATS-UNIS

Memphis doit son existence au Mississippi. Pourtant, comme Chicago, Beloit et d'autres villes du XIXᵉ siècle, elle a tourné le dos au fleuve, le reléguant pendant presque deux siècles dans une sorte d'arrière-cour industrielle. La municipalité a voulu changer sa relation au cours d'eau et a chargé Studio Gang d'élaborer un plan directeur. Il s'agissait d'amener les habitants de Memphis à imaginer comment les parcelles disparates des berges du fleuve pourraient devenir un réseau unifié d'espaces publics qui leur permettraient de se reconnecter au Mississippi. L'engagement des habitants dans le processus créatif a été essentiel pour le projet ; ateliers, réunions, enquêtes et conversations ont produit un flot d'idées. Le plan a aussi intégré des principes d'écologie pour régénérer l'écosystème fluvial de cette partie de la région du Mississippi inférieur appelée le Delta.

Couvrant environ 12 hectares, le parc Tom Lee, le plus vaste des espaces sur berges, s'étend sur une digue construite par le génie militaire. Il porte le nom d'un habitant de la région qui travaillait sur le fleuve et qui sauva héroïquement 32 personnes de la noyade. C'était une étendue plane couverte de pelouses. Studio Gang et l'agence SCAPE l'ont redessinée, utilisant ses atouts pour étendre bien plus loin son utilisation. La restauration de la vie du sol a radicalement transformé la qualité du terrain, permettant l'installation d'un nouveau maillage d'arbres, d'arbustes, d'herbes et de plantes vivaces. Ces nouvelles plantations apportent aux usagers du parc une ombre qui manquait jusque-là, et fournissent à la faune sauvage locale un habitat nourricier. Le nouveau plan du parc, avec cinq entrées supplémentaires, vient se greffer avec précision au réseau urbain pour former un nouvel ensemble de chemins qui mènent en ville.

Pour décider des ajouts à apporter au nouveau parc et de leur emplacement, l'équipe de développement a collaboré avec des lycéens locaux à travers un programme de conduite de projets qui fait participer les jeunes directement au processus créatif. Nos analyses communes nous ont convaincus que le parc devrait inciter les habitants de Memphis à venir sur les berges pour pratiquer leurs activités quotidiennes préférées, activités qui prendraient une valeur nouvelle dans ce décor fluvial du Mississipi. Le grand auvent de bois qui abrite les terrains de basket-ball et les pavillons en rondins tout en courbes affichent leur compatibilité avec leur environnement au travers de leurs matériaux et de leur technique d'assemblage. Ils évoquent les structures industrielles jadis en activité sur ce site, mais aussi les péniches contemporaines qui continuent de remonter et descendre le fleuve.

De jeunes participants à l'atelier de conduite de projets visitent le site de l'ancien parc Tom Lee et notent leurs observations pour en tirer des idées d'aménagement.

Historiquement, Memphis tournait le dos aux rives du fleuve, occupées par l'industrie, pour se tourner vers Front Street, importante voie située plus en hauteur. Aujourd'hui, de nouveaux aménagements et un paysage revitalisé, desservi par les rues perpendiculaires, forment un tissu aux multiples interconnexions qui relie le fleuve à la grande artère.

Des constructions nouvelles forment le Cœur actif du parc, qui accueille les activités dynamiques et des aménagements demandés par les habitants de Memphis. Polyvalent, le nouveau parc peut servir pour du sport, des concerts, des petits commerces, des barbecues et divers types de jeux.

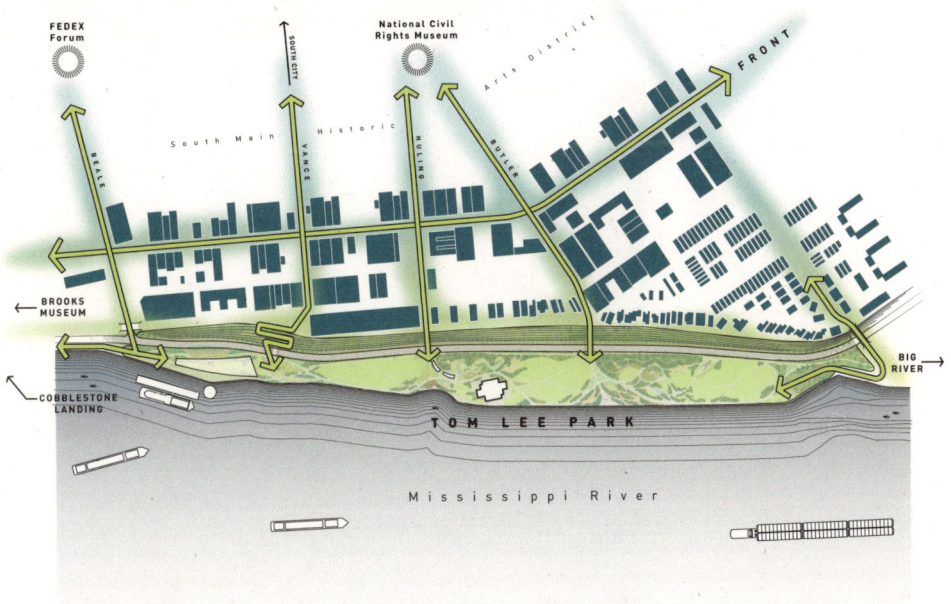

La greffe en milieu urbain : exemples et projets

Des vivaces locales plantées le long des rives constituent un espace-tampon naturellement apte à résister aux crues et décrues annuelles du Mississippi.

Construite en bois et en acier, la nouvelle Canopée rappelle les grues et les péniches serrées les unes contre les autres, autrefois typiques des berges industrieuses de Memphis.

La greffe en milieu urbain : exemples et projets

ESCALIER DE LA 169ᴱ RUE, QUARTIER DU BRONX, NEW YORK, ÉTATS-UNIS

Dans le cadre d'une étude globale pour améliorer la sécurité et le bien-être des résidents de quartiers de New York touchés par la violence, Studio Gang s'est intéressé à un lieu situé à Morrisania, dans le Bronx, pour y imaginer une greffe urbaine ciblée. Ce quartier escarpé comporte des escaliers publics censés relier les rues entre elles. Mais beaucoup évitaient ces escaliers, sombres et peu engageants. Écoutant les habitants, qui demandaient des espaces extérieurs où se rassembler, et surtout de lieux sûrs pour les jeunes, le soir, Studio Gang a conçu l'idée de transformer l'escalier à l'intersection de la 169ᵉ rue et de Webster Avenue en un lieu vivant de proximité. Des interventions simples, comme une amélioration de l'éclairage, des plantations, l'ajout de sièges et la suppression de quelques places de stationnement, permettraient à l'escalier de devenir un accès apprécié et attrayant vers la station de transports en commun située plus haut. La place au pied de l'escalier pourrait accueillir des stands de restauration et des kiosques pour petits commerçants, et apporter au quartier, outre des opportunités économiques, de bonnes choses à manger.

L'été 2018, le quartier de Morrisania a fêté là la première édition du festival Claremont Illuminated. L'événement, qui tire son nom de l'ensemble de logements sociaux situé en face, a rassemblé des habitants, des artistes et des groupes citoyens autour de spectacles, de repas et, le soir, d'une exposition de photographies projetées en grand format sur les murs. L'effort collectif de ceux qui ont aidé la municipalité à nettoyer l'endroit pour accueillir ces festivités a démontré la compatibilité du concept du projet greffé avec son environnement physique et humain – une union rendue possible en plaçant les habitants au centre du processus.

Ci-dessus et en haut à droite : Ayant identifié le potentiel du site, on a imaginé de réveiller cet escalier lugubre en lui greffant des aménagements éphémères. Le concept a été mis en pratique par le Bronx Documentary Center (Centre d'exposition et de pédagogie), en collaboration avec le cabinet du maire. Lors du festival Claremont Illuminated, cet escalier négligé est devenu un espace de rencontre et de partage.

Le concept de l'intervention ciblée sur l'escalier de la 169e rue s'intégrait dans un plan plus vaste destiné à améliorer la sécurité des personnes dans le quartier de Morrisania par des investissements physiques et programmatiques s'appuyant sur les atouts du quartier.

La greffe en milieu urbain : exemples et projets

CENTRALE DE L'UNIVERSITÉ DE BELOIT
BELOIT, WISCONSIN, ÉTATS-UNIS

Beloit, ville du sud de l'État du Wisconsin, au bord de la rivière Rock, était au XIXᵉ siècle un centre industriel prospère. La cheminée de sa centrale électrique à charbon, haute de plus de 50 mètres, est un emblème local depuis longtemps, et l'est restée même après 2005, quand la centrale a fermé avec de nombreux autres sites industriels. La ville devant s'adapter et attirer de nouveaux acteurs économiques, la municipalité a entamé une collaboration avec l'université – le Liberal Arts College – pour investir dans le centre historique et les berges.

En 2010, l'université a acheté la centrale, située juste au-dessous de son campus, pour la convertir en un centre de vie et d'activités de loisir pour les étudiants. Studio Gang a taillé avec délicatesse ce robuste porte-greffe, a intégré à son intérieur caverneux de nouveaux espaces et aménagements pour la communauté universitaire, et a greffé le bâtiment avec précision dans le plan plus large de transformation des quartiers du centre et des berges.

L'ensemble d'origine, construit entre 1908 et 1947, avait des proportions énormes ; les bâtiments avaient été conçus pour des machines, pas pour des gens. Plantés au bord de la rivière, ils entravaient, par leur gigantisme, les déplacements des piétons et l'accès aux alentours de la centrale. Le projet de greffe urbaine avait pour but de construire un réseau de nouvelles connexions physiques pour faciliter les déplacements sur le site. Une nouvelle passerelle descend de la colline du campus et enjambe une voie routière fréquentée, reliant ainsi l'université à l'étage supérieur de la centrale, d'où un ascenseur public dessert le niveau inférieur. Côté rivière, un passage suspendu aux fondations du bâtiment établit la continuité du sentier de la berge, auparavant interrompu. Le flux de piétons peut s'écouler sans obstacle le long de la rivière. La centrale transformée a maintenant le rôle d'une machine à accéder qui permet à tous de rejoindre la rivière, le centre-ville et le campus de l'université.

L'intérieur, avec ses dalles dépareillées au sol et les impressionnants vestiges d'équipements, a aussi été adapté pour être à taille humaine. Conçu pour de la machinerie lourde, il avait largement la capacité d'accueillir le nouveau programme social et de loisirs. Les plans ont conservé une part significative de la structure d'origine, tout en unifiant les constructions disparates par des suppressions sélectives et des insertions, comme cette piste de course suspendue qui circule à travers toutes les zones du complexe. Le projet s'étend aussi vers le nord, avec un nouvel espace paysager planté de végétaux locaux et un bâtiment polyvalent aux lignes contemporaines destiné à accueillir les sports en salle et les manifestations de la vie locale. Toutes ces nouvelles installations sont chauffées et climatisées par géothermie, avec l'eau de la rivière. La Centrale ravive donc simultanément une énergie culturelle, intellectuelle et sportive, aidant à faire revivre une ville du Midwest en perte de vitesse, et lui redonnant de l'attractivité pour les générations futures.

Cet ensemble rénové de bâtiments et de passerelles vient se greffer avec précision sur le projet plus large de transformation du centre-ville et des berges de la rivière, contribuant à la renaissance de Beloit.

La centrale désaffectée se dressait comme une forteresse entre la ville de Beloit et la rive.

La greffe en milieu urbain : exemples et projets

Une nouvelle passerelle permet aux piétons de franchir la route fréquentée et de rejoindre un ascenseur qui descend au niveau de la rivière.

La nouvelle Centrale, avec son infrastructure et son programme dédiés au public, facilite la rencontre physique et intellectuelle entre la ville et la communauté universitaire.

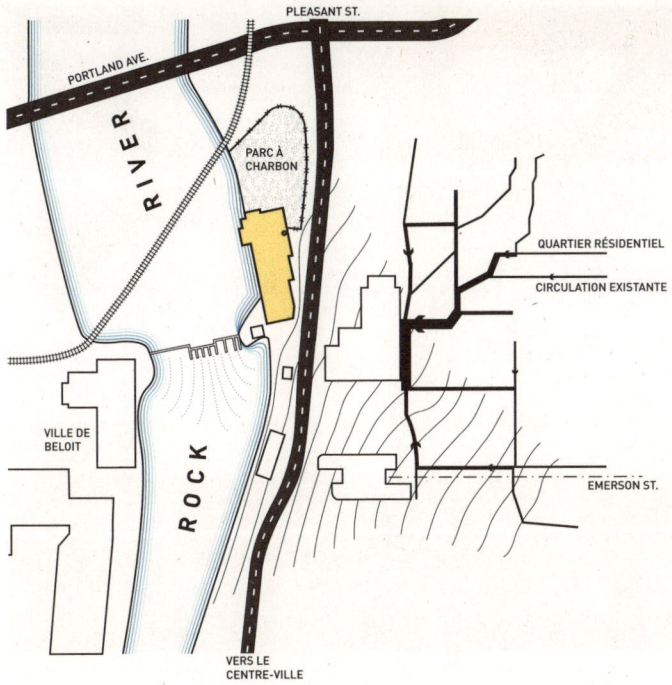

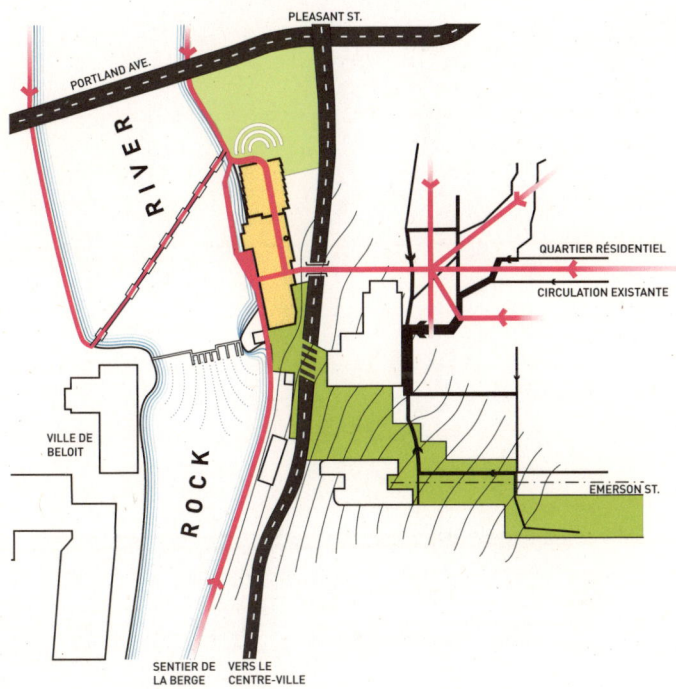

Une route, un barrage et l'escarpement du terrain isolaient les différentes parties de la ville. La centrale a été repensée comme une machine à accéder qui les connecte entre elles.

La greffe en milieu urbain : exemples et projets

Conçue pour porter des machines industrielles, la structure intérieure d'origine en acier, ultra-résistante, accueille sans problème les équipements à échelle humaine.

Considérant les dimensions atypiques du bâtiment existant et sa machinerie, on a développé spécialement de nouveaux programmes de loisirs, des espaces de rencontre pour les étudiants et les habitants de la ville, et des programmes de bien-être.

Une piste suspendue relie les différentes époques du bâtiment. Sa ligne droite est parallèle à la rivière et l'un de ses virages s'aventure dans la nouvelle salle de sport translucide.

1 Salle de sport
2 Piste de course à pied
3 Amphithéâtre
4 Stockage
5 Local technique
6 Cafétéria / Restauration
7 Salon
8 Ancien panneau de commande
9 Salle des turbines
10 Piscine
11 Gradins
12 Futur mur d'escalade dans l'ancien silo à charbon
13 Espace événementiel
14 Future terrasse sur le toit

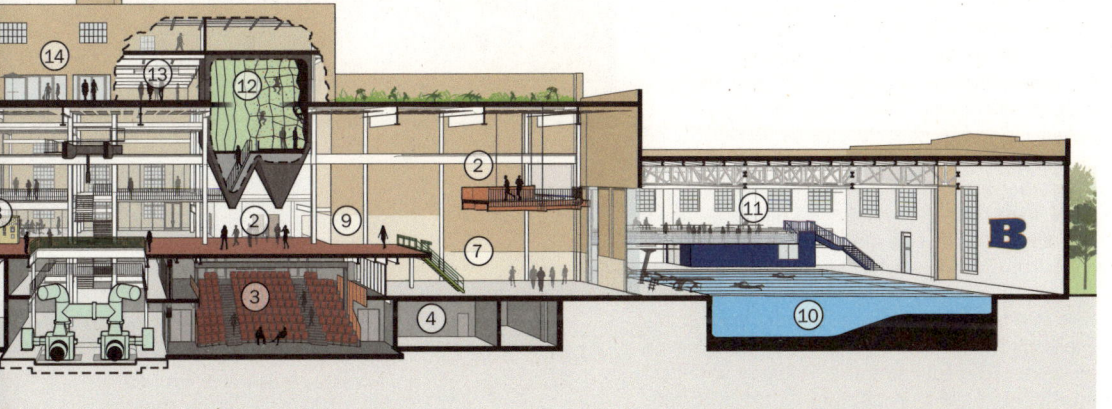

La greffe en milieu urbain : exemples et projets

GARDEN IN THE MACHINE
CICERO, ILLINOIS, ÉTATS-UNIS

C'est avec ce projet spéculatif, présenté dans l'exposition « Foreclosed: Rehousing the American Dream » au MoMA de New York, que Studio Gang a exploré pour la première fois le concept de la greffe urbaine. Cicero, dans la proche banlieue de Chicago, était une ville industrielle dynamique, mais la crise financière a provoqué la saisie de nombre de ses propriétés industrielles et de ses logements. Les usines désertées, les emplois locaux se sont faits rares, et l'importante population immigrée de Cicero subit depuis le chômage, la pauvreté, et la dégradation de son environnement.

Relevant ces défis interdépendants, le projet illustre comment, à partir des vestiges du monde industriel (matériaux de construction, infrastructures ferroviaires et terrains pollués), on pourrait reconstituer des quartiers sains qui répondent aux besoins et aux rêves propres aux habitants de la Cicero d'aujourd'hui. En greffant des logements sur des usines et des assemblages en matériaux de récupération sur des infrastructures communes, on favorise l'émergence d'un tissu urbain de structures flexibles, où les logements sont proches des emplois. Grâce à un concept de développement modulaire et à un modèle de propriété innovant permettant aux résidents d'acheter et de vendre des parts en fonction des unités qu'ils occupent, les propriétaires peuvent adapter leurs espaces quand leur famille s'agrandit, rétrécit ou se transforme.

Sur une surface au sol restreinte, le projet incorpore divers espaces extérieurs comprenant des terrasses, des cours, des places, des marchés, ainsi que des espaces verts publics plus vastes. Des ateliers et des jardins familiaux sont aussi intégrés au plan directeur, pour inciter des start-ups à remplacer l'ancienne économie industrielle de Cicero par des emplois durables et verts. Pour réhabiliter les sols, dont beaucoup sont des friches polluées, nous proposons d'utiliser une méthode de nettoyage biologique appelée phytoremédiation : en plantant puis en récoltant des végétaux capables d'absorber les toxines, comme le peuplier ou le saule, il est possible d'extraire les polluants du sol et d'obtenir un site plus propre et plus sain en l'espace de quelques années.

Tout cela pourrait créer de nouvelles opportunités économiques et faire de Cicero une ville-destination prospère, où les habitants de longue date se mêlent aux nouveaux, chacun trouvant ici les conditions pour réaliser son rêve américain du XXIe siècle.

Prenant le temps d'explorer Cicero, nous avons découvert l'importance de ses ruelles et de ses garages, souvent utilisés comme lieux de rencontre et comme ateliers. Il est proposé de modifier le règlement d'urbanisme de la ville pour légaliser ces usages et permettre aux habitants de greffer d'autres utilisations sur ces espaces.

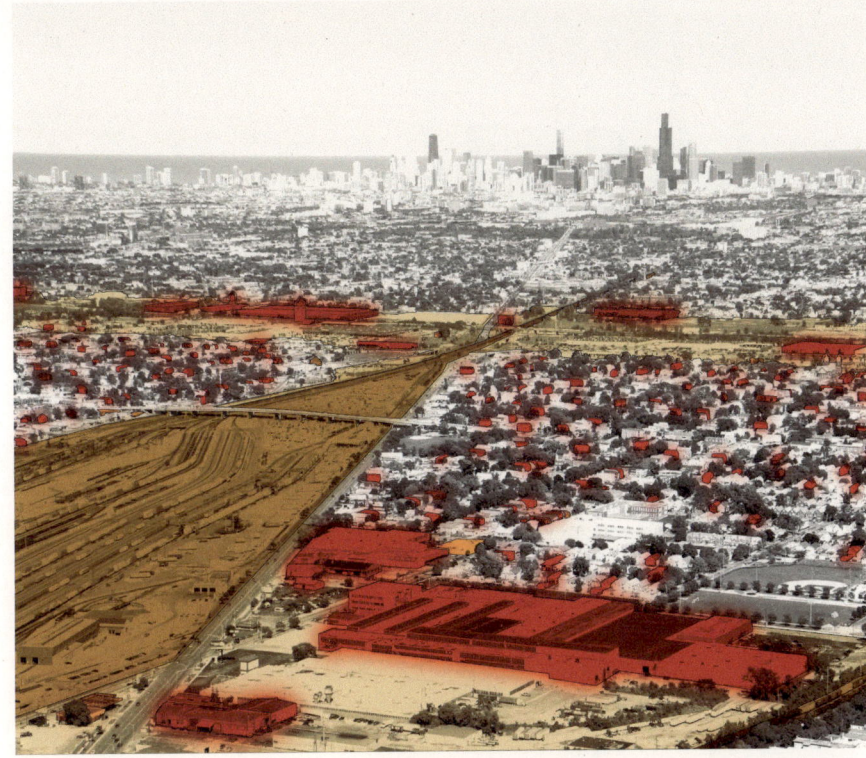
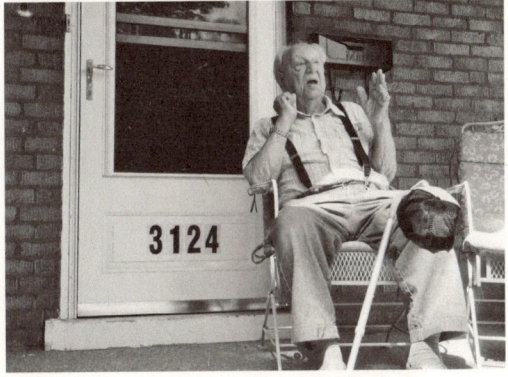

Située à l'ouest de Chicago, Cicero n'est pas une banlieue née au milieu du XXe siècle, mais une ville industrielle du milieu du XIXe siècle. Les difficultés de ses habitants sont aggravées lors de la crise de 2008, quand, en plus des fermetures d'usines, de la raréfaction des emplois et de la présence de pollution dans les sols, des centaines de logements ont été saisis.

Les rencontres avec les habitants et la collaboration avec une équipe interdisciplinaire ont été déterminants pour l'élaboration du projet. Ce que nous avons appris en consultant la population a été incorporé grâce à l'expertise de partenaires issus des domaines du logement, des politiques publiques, du droit, de la finance, des arts et du développement culturel, de l'urbanisme, du paysage et de l'écologie, de l'ingénierie, des transports et du journalisme.

La greffe en milieu urbain : exemples et projets

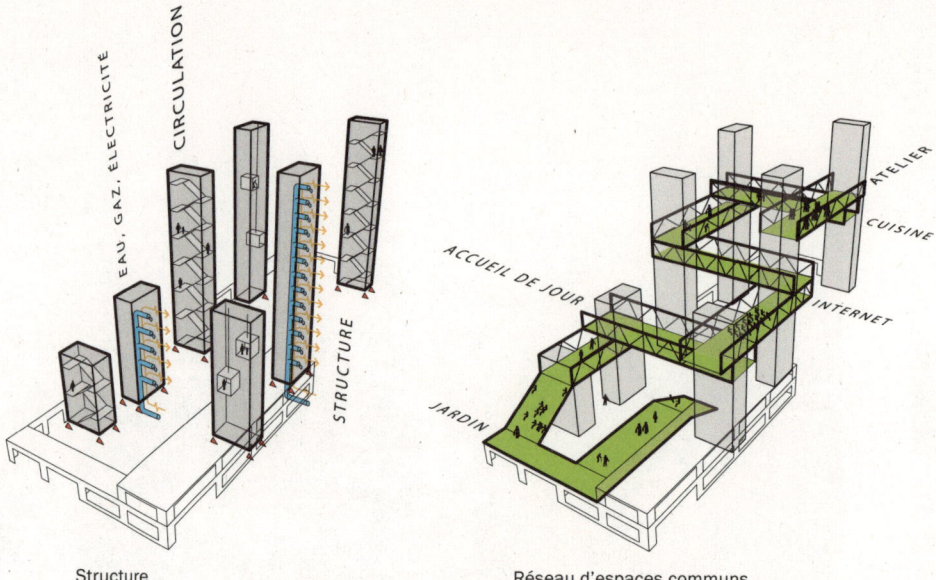

Structure

Réseau d'espaces communs

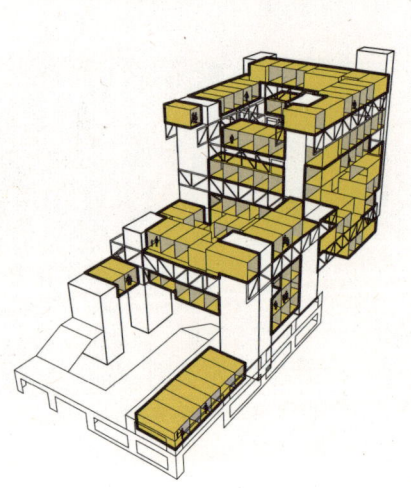

Unités de travail et d'habitation

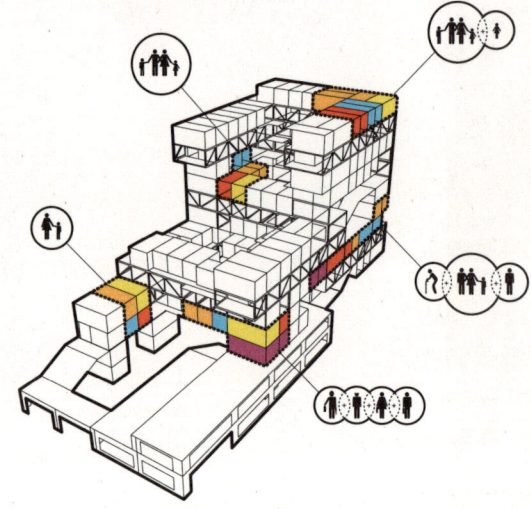

Quartiers verticaux

Le nouveau quartier vertical naît de multiples greffes sur le porte-greffe constitué par l'ancienne usine Hawthorne Works. On utilise des matériaux et des pièces récupérés sur place.

Greffés avec succès sur leur porte-greffe, les nouveaux logements s'épanouissent comme des fruits à partir de l'usine existante.

En plantant des saules et des peupliers sur les terrains pollués de Cicero, on peut les préparer à accueillir de nouveaux usages en toute sécurité.

La greffe en milieu urbain : exemples et projets

Sortis de leur abandon, les vestiges de l'industrie lourde sont réaffectés et adaptés pour former une nouvelle écologie de logement, de production alimentaire, de loisirs et d'activités vertes.

Ces projets montrent que le principe de la greffe appliqué à l'urbanisme propose une voie alternative à une conception obsolète du progrès. Au lieu de regarder le monde depuis d'abstraites hauteurs, les urbanistes-greffeurs gardent les pieds sur terre. Loin de raser des quartiers pour repartir de zéro, ils apprennent à connaître le terrain, les structures existantes et les communautés qui font la ville, pour trouver comment réaliser les changements nécessaires. Ils repèrent l'énergie déjà présente et la cultivent, redéfinissant la transformation urbaine comme un processus à long terme opéré par de multiples acteurs en collaboration, plutôt que de la considérer comme un ensemble de projets clos, imposés d'en haut et signés d'un seul auteur. Cette approche est particulièrement porteuse dans les zones postindustrielles, où les laissés-pour-compte du capitalisme sont prêts à s'épanouir à nouveau, peut-être dans un système différent.

C'est à cette échelle que les qualités régénératrices de la greffe apparaissent le mieux : elle permet de façonner une croissance saine dans le changement, en faisant le choix d'être attentionné envers les personnes et l'environnement, plutôt que de les mettre sur la touche ou d'accepter qu'ils soient des victimes collatérales. De plus, comme l'indique le cas de Cicero, les plantes peuvent transcender la métaphore au royaume de la greffe urbaine. Elles ont une aptitude biologique à aider les environnements urbains à guérir et à s'adapter. Dans les chapitres suivants, nous allons explorer comment les urbanistes-greffeurs peuvent faire des arbres et des forêts leurs alliés pour transformer les villes.

COMPAGNE
DES
ARBRES

*
*

À cheval
sur la Caroline du
Nord et le Tennessee, les Great
Smoky sont des montagnes que les Cherokees
appelaient Shaconage, « le lieu de la fumée bleue »,
d'où leur nom anglais. Perpétuellement dans le brouillard, elles sont d'une couleur bleu-mauve qui s'éclaircit peu à peu vers le sommet, jusqu'à se fondre dans l'infinité blanche du ciel. On est rassuré – surtout alors que les incendies de forêt font si souvent rage aujourd'hui – à l'idée que cette fumée ne soit en fait qu'une brume. Celle-ci ne résulte ni d'une combustion, ni de précipitations, mais de la respiration collective des arbres, du souffle des nobles forêts qui tapissent le flanc des montagnes.

Les forêts des Smokies, comme on surnomme la chaîne de montagnes, abritent près de 130 essences d'arbres réparties de manière inégale. En s'immergeant au sein de leurs congrégations, on apprend, entre autres nombreuses leçons, la façon dont ils s'adaptent à l'altitude, à l'exposition ou à la nature du sol. C'est ce que j'ai fait pendant plus de dix ans sur une parcelle escarpée où j'envisageais de bâtir un chalet. Comme le projet tardait à démarrer, j'occupais mon attente en randonnant fréquemment dans le secteur. Je faisais des croquis et situais mes observations sur la carte. Petit à petit, visite après visite, il se produisit quelque chose d'inattendu, surtout pour une architecte : les arbres se mirent à avoir plus d'importance pour moi que la construction de la maison.

En épluchant les manuels d'identification des arbres et les études sur les écosystèmes forestiers ou autres sujets voisins, je commençai à comprendre les phénomènes auxquels j'avais assisté. Ceux concernant la reproduction m'intéressaient, comme par exemple la mystérieuse surabondance, certaines années, de glands, faînes ou autres fruits. Je trouvais incroyables aussi les superpouvoirs des arbres, rarement perçus par le regard humain. Contrairement aux animaux, ils ne peuvent fuir le danger, c'est pourquoi ils ont adopté toutes sortes de stratégies de survie. Par exemple, ils sécrètent des toxines pour déjouer les attaques d'insectes, se défont de leurs feuilles à l'automne pour donner moins de prise aux vents violents, et communiquent entre eux par l'intermédiaire de leurs racines pour combattre les maladies. Désormais, je passe mes randonnées en forêt à soigner des arbres blessés, à arracher les plantes invasives ou à répertorier les végétaux et animaux que je croise. Enfant, je grimpais au faîte des arbres ; aujourd'hui, à force d'échanges constants avec la forêt, j'ai le sentiment d'en faire partie intégrante.

Je ne suis certainement pas seule à tenir compagnie aux arbres. Des propriétaires forestiers de tous types habitent non loin de la parcelle à laquelle je tiens tant. En bas de la montagne, il y a des pépinières à arbres de Noël, peuplées de conifères en rangs d'oignons ; de l'autre côté de la route, les vestiges d'une forêt d'érables qu'une scierie locale a récemment transformés en bois de charpente ; tout près, une autre parcelle, protégée par une servitude de conservation et, plus loin sur la route, un peuplement d'arbres à feuilles caduques dont le propriétaire monnaie l'aptitude à piéger le carbone.

Et puis, il y a l'une des 154 forêts fédérales, gérées par l'État pour divers usages. Dans certains cas, elles servent à la recherche scientifique et aux activités de loisir. Dans d'autres, elles attendent une coupe, lorsque les cours du bois seront au plus haut. Ces fissures philosophiques courent dans le jardin derrière mon petit chalet, en s'entremêlant avec le ruisseau où s'abreuvent les animaux et avec le dense réseau racinaire des arbres.

*

*

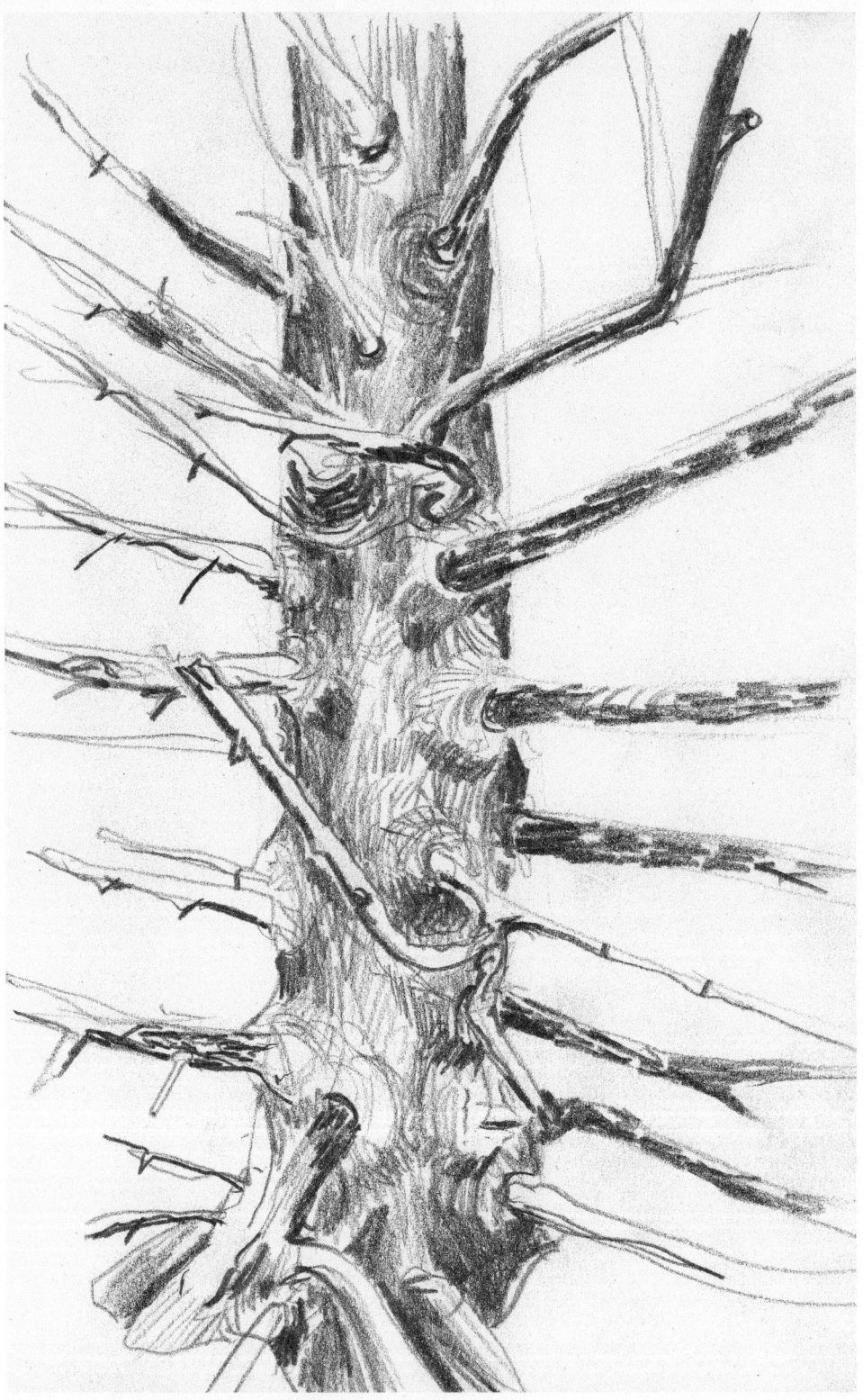

Fig. 34 Épicéa, dans la chaîne des Great Smoky

CHAPITRE VI
OBSERVATIONS SUR LES FORÊTS ET LEUR UTILITÉ

Les écosystèmes forestiers sont le lieu d'interactions étonnamment complexes entre les organismes vivants, la géologie, la topographie et le climat. Cette complexité reste un défi pour l'analyse scientifique, même si la quantité d'informations collectées concernant leurs différents aspects augmente chaque année[63]. Mais les forêts ont également une importance culturelle et, à ce titre, elles sont tout aussi dynamiques et multiples. Ces dernières années, un débat de longue date a repris de plus belle, attisé par les besoins grandissants en ressources renouvelables : faut-il utiliser les forêts comme des usines vivantes de production de bois, ou bien les laisser pures et vierges de toute exploitation ? C'est une fausse alternative qui nous met face à un faux choix. Certes, l'ère industrielle a créé des forêts qui sont plutôt des fermes sylvicoles, sans la richesse biologique caractéristique de la forêt ancienne, mais l'appel à cesser toute intervention fait fi des relations profondes et réciproques – telles celles entre greffeurs et végétaux – qui unissent les humains et les forêts depuis des millénaires. Il passe aussi à côté des nouvelles opportunités écologiques qui pourraient ouvrir la voie à des usages plus variés et complémentaires à l'intérieur d'une même forêt. Les fermes sylvicoles vont se multiplier pour répondre à la demande de bois de plus en plus pressante. Il sera d'autant plus nécessaire de découvrir comment développer des collaborations mutuellement profitables entre humains et forêts.

Confrontés à une époque de changement climatique où l'empreinte carbone est reine, nous, architectes, examinons plus en profondeur les systèmes qui préexistent à nos créations pour réduire les impacts négatifs de la construction[64]. Comparée à d'autres méthodes, la construction en bois a des airs de solution miracle. Les produits du bois sont nettement plus pauvres en carbone incorporé que les alternatives en acier et en béton. Dans certaines parties du monde, l'utilisation de matériaux à base de bois pourrait être notre meilleure chance d'un avenir bas carbone. Nous l'avons dit, le bois est aussi un matériau idéal pour le greffage architectural, parce qu'il est léger, et que le perfectionnement des bois d'ingénierie lui donnera une plus grande polyvalence d'applications structurelles.

Cependant, si le bois doit parcourir la moitié du globe pour atteindre le lieu où il sera utilisé, l'équation n'est plus aussi favorable. Les méthodes d'extraction des arbres et de gestion des forêts sont donc décisives pour évaluer si un bois peut être considéré comme « bon ». Couper

---

63 Peter Kolb, « Forest Ecosystems », ministère de l'Agriculture des États-Unis, https://climate-woodlands.extension.org/forest-ecosystems, 16 mai 2019.

64 Des chercheurs et des architectes ont commencé à plaider en faveur d'une analyse plus large des activités de construction. Ainsi, Kiel Moe a brossé un portrait critique du Seagram Building de Mies van der Rohe, s'intéressant aux émissions grises de CO_2 des matériaux qui le constituent, notamment le verre et l'acier. Voir *Unless: The Seagram Building Construction Ecology*, Actar Publishers, New York, 2021.

des arbres réduit l'importante aptitude des forêts à stocker le CO_2. Pire, des méthodes d'exploitation inadaptées peuvent être néfastes pour les humains et dévastatrices pour d'autres organismes et processus forestiers, anéantissant des habitats, amoindrissant la qualité du sol et facilitant l'érosion[65]. Les forêts productives étant souvent situées dans des régions lointaines, ces effets négatifs sont faciles à ignorer. Fabriquer du bois artificiel serait un moyen d'éviter ces maux. Mais à l'heure actuelle, cette production est gourmande en énergie et en ressources. De plus, le bois artificiel peut avoir des effets secondaires invisibles, dont le moindre n'est pas l'empreinte carbone de sa production et de l'infrastructure nécessaire.

Pour devenir les experts greffeurs du futur, les architectes doivent apprendre à tenir compte de tous ces problèmes. En même temps, nous devons approfondir notre compréhension des forêts : elles ne se réduisent pas à un stock quantifiable d'arbres-objets, qui par prélèvement deviendraient un produit unique : le bois. Pour dépasser ce point de vue hérité de l'époque des Lumières, il nous faut élargir notre définition de la forêt aux différents écosystèmes où s'épanouissent des arbres et d'autres espèces vivantes[66]. Il existe sur Terre 26 grands types de forêts, qui se distinguent par les essences que l'on y trouve, le climat local, les précipitations et l'altitude[67]. Ces types sont très précis et chacun réagit différemment aux coupes et autres perturbations. La forêt amazonienne, par exemple, souffre beaucoup de la coupe ponctuelle d'arbres sélectionnés, dont on pensait pourtant que l'impact serait moindre. Certes moins destructrice qu'une coupe claire, la méthode sélective nécessite pour extraire un seul grand arbre de percer des routes et d'utiliser des engins lourds, qui risquent d'écraser les systèmes racinaires d'arbres voisins. De plus, quand un arbre d'Amazonie tombe, les plantes grimpantes qu'il hébergeait peuvent enlacer d'autres arbres comme des cordes et les tirer vers le sol, en créant des trous dans la canopée. Les sols moins bien protégés se dessèchent davantage, ce qui augmente le risque d'incendies incontrôlés[68]. Les caractéristiques de la forêt tropicale amazonienne l'empêchent de se remettre rapidement de ces perturbations.

Par contre, dans certaines forêts d'Amérique du Nord, des espèces ont évolué dans un milieu touché régulièrement par des perturbations de grande ampleur comme les incendies. Chez certaines essences, la per-

---

[65] Pour un examen approfondi de ces sujets, voir Lindsey Wikstrom, *Designing the Forest and other Mass Timber Futures,* Routledge, New York, 2023.

[66] Les philosophes et professionnels français du XVIIIe siècle ont joué un rôle majeur pour généraliser une vision abstraite des arbres, basée sur leurs seules qualités matérielles. Voir Dan Handel, « Cahiers de foresterie », 2012, Centre Canadien d'Architecture, https://www.cca.qc.ca/fr/articles/issues/11/la-nature-recomposee/1530/cahiers-de-foresterie.

[67] Sergio Cinnirella, « Classification and Distribution of Forest by Geography », *Forests and Forest Plants,* John N. Owens et H. Gyde Lund, EOLSS Publishers, Oxford, 2009, p. 118-121.

[68] David Ray, Daniel Nepstad et Paulo Moutinho, « Micrometeorological and Canopy Controls of Fire Susceptibility in a Forested Amazon Landscape », *Ecological Application,* vol. 15, n°5, 2005, p. 1664-1678.

turbation déclenche la reproduction, par dispersion de graines ou par l'éclosion de bourgeons dormants sur les racines. En dehors des incendies, pour certaines espèces pionnières comme le peuplier faux-tremble, les coupes claires sont nécessaires pour générer une nouvelle croissance. Les essences qui succèdent aux espèces pionnières supportent mieux l'ombre et favorisent la complexité et la biodiversité de l'écosystème, mais s'adaptent moins bien aux perturbations, même si elles sont fréquentes.

La réaction aux perturbations, qu'il s'agisse d'incendies, de tempêtes ou d'invasions d'insectes, est un concept clé pour les écosystèmes forestiers. La « foresterie à impact positif » est la gestion prudente de ces perturbations, si bien décrite par Thomas McEvoy dans son livre très complet sur le sujet[69]. Choisir une méthode d'exploitation qui imite l'ampleur des perturbations naturelles spécifique à chaque type de forêt, et encourager ainsi son renouvellement, est fondamental pour élaborer un plan de gestion à impact positif. Encore peu pratiquée, cette stratégie offre pourtant des solutions potentielles pour fournir davantage de bois au secteur du bâtiment et pour stocker du CO_2, tout en ayant des effets bénéfiques sur les écosystèmes.

RÉINVENTER LA FORÊT

Comment réinventer nos forêts d'exploitation de telle sorte qu'elles réalisent ce potentiel multiple, en particulier au bénéfice des populations urbaines ? Sans doute ne faut-il pas attendre de l'industrie du bois d'œuvre la créativité nécessaire pour cette tâche urgente. Car chez les fournisseurs, à moins d'incitations financières clairement ciblées, l'innovation vise avant tout l'efficacité et l'augmentation des quantités, de façon à répondre à la demande. Les architectes, paysagistes et urbanistes ont quant à eux leur place, auprès d'autres acteurs, pour réinventer la conception même de la forêt, en transformant celle-ci en greffe urbaine. À nous d'imaginer et de créer les forêts urbaines de demain.

LA CEINTURE VERTE DE LONDRES

Des tentatives pour reconcevoir la forêt urbaine ont déjà eu lieu par le passé. Quels enseignements a-t-on tiré de ces expériences ? Peu avant sa mort en 1699, Timothy Nourse, gentleman-farmer qui avait fait ses études à Oxford, concluait son livre consacré au jardinage et à l'agriculture par un chapitre suggérant la création d'une vaste ceinture forestière autour de Londres[70]. En effet, il s'inquiétait des effets nocifs de la combustion du charbon récu-

---

69 Thomas J. McEvoy, *Positive Impact Forestry: A Sustainable Approach To Managing Woodlands*, Island Press, Washington, 2004.

70 Timothy Nourse, « Essay upon the Fuel of London », *Campania fœlix, or, A Discourse of the Benefits and Improvements of Husbandry*, 1700, nouvelle édition, Garland Publishing Inc., New York, 1982, p. 345-354.

Fig. 35   Cette gravure du XIXᵉ siècle montre la profusion de cheminées londoniennes et leurs fumées, que Nourse pensait réduire à l'aide de sa « ceinture forestière ».

Fig. 36   Au XIXᵉ siècle, les forêts de la vallée laurentienne, au Canada, procurent à l'Angleterre de quoi assouvir son appétit croissant pour le bois.

péré sur les plages. De plus, la fumée dégagée par le chauffage au « charbon de mer » faisait barrage aux rayons du soleil et donc à sa chaleur. Résultat : la population en brûlait encore plus. Par ailleurs, cette fumée encrassait les intérieurs, les œuvres d'art et le paysage urbain en général. [Fig. 35]

Pour remédier à ces inconvénients, Nourse élabora un projet détaillé de plantation d'arbres sur les vastes terrains situés aux confins de la ville – de quoi fournir assez de bois pour alimenter Londres. Sans drones ni systèmes cartographiques complexes, il estima (d'après les températures moyennes, les taux de mortalité et même un recensement des cheminées) la quantité de bois nécessaire pour chauffer les Londoniens. Puis, moyennant une série de rétrocalculs, il aboutit à une superficie totale de 60 000 acres (environ 24 000 hectares) à consacrer à sa forêt.

Sa proposition rencontra quelques obstacles, surtout d'ordre politique. Nourse reconnaissait lui-même que, pour mener des travaux publics d'une telle envergure et pour remplacer complètement le charbon de mer, « il faudrait une loi »[71]. De plus, sa vision grandiose et sa stratégie imposée par le haut avaient peu de chances de trouver des soutiens, surtout en l'absence d'exemples convaincants. Enfin, Nourse prônait une transformation radicale sans envisager l'intérêt d'un étalement dans le temps, assorti de mesures incitatives.

Mais le principal défaut du projet était sans doute qu'il sous-estimait les bienfaits d'une véritable ceinture forestière. Les arbres, source de combustible moins nocive et moins salissante que le charbon, représentaient surtout aux yeux de Nourse la valeur économique d'une fibre à brûler. D'ailleurs, il évoquait non pas tant des forêts que des « plantations d'arbres », autrement dit une monoculture. C'était courir à des pertes catastrophiques, dues entre autres aux invasions d'insectes ou aux incendies. Quoique bien intentionnée et intelligemment articulée, son idée de planter littéralement du combustible ouvrait la porte du « décyclage », en passant à côté des profonds bienfaits de l'écologie forestière.

LA FORÊT FANTÔME DE LA VALLÉE LAURENTIENNE

Le projet d'une ceinture verte londonienne reflétait une autre réalité : l'Angleterre manquait de bois de construction. En fait, dès l'âge du bronze, il ne restait plus grand-chose des forêts britanniques. À l'époque de Nourse, le pays devait, pour construire ses bateaux, importer du bois de la Baltique[72]. La rareté de cette matière première incita les Anglais à

---

71   *Ibid.*

72   Jim Clifford et Stéphane Castonguay, « British ghost acres and environmental changes in the Laurentian forest during the nineteenth century », *Journal of Historical Geography*, vol. 78, octobre 2022, p. 126-138, https://doi.org/10.1016/j.jhg.2022.05.002.

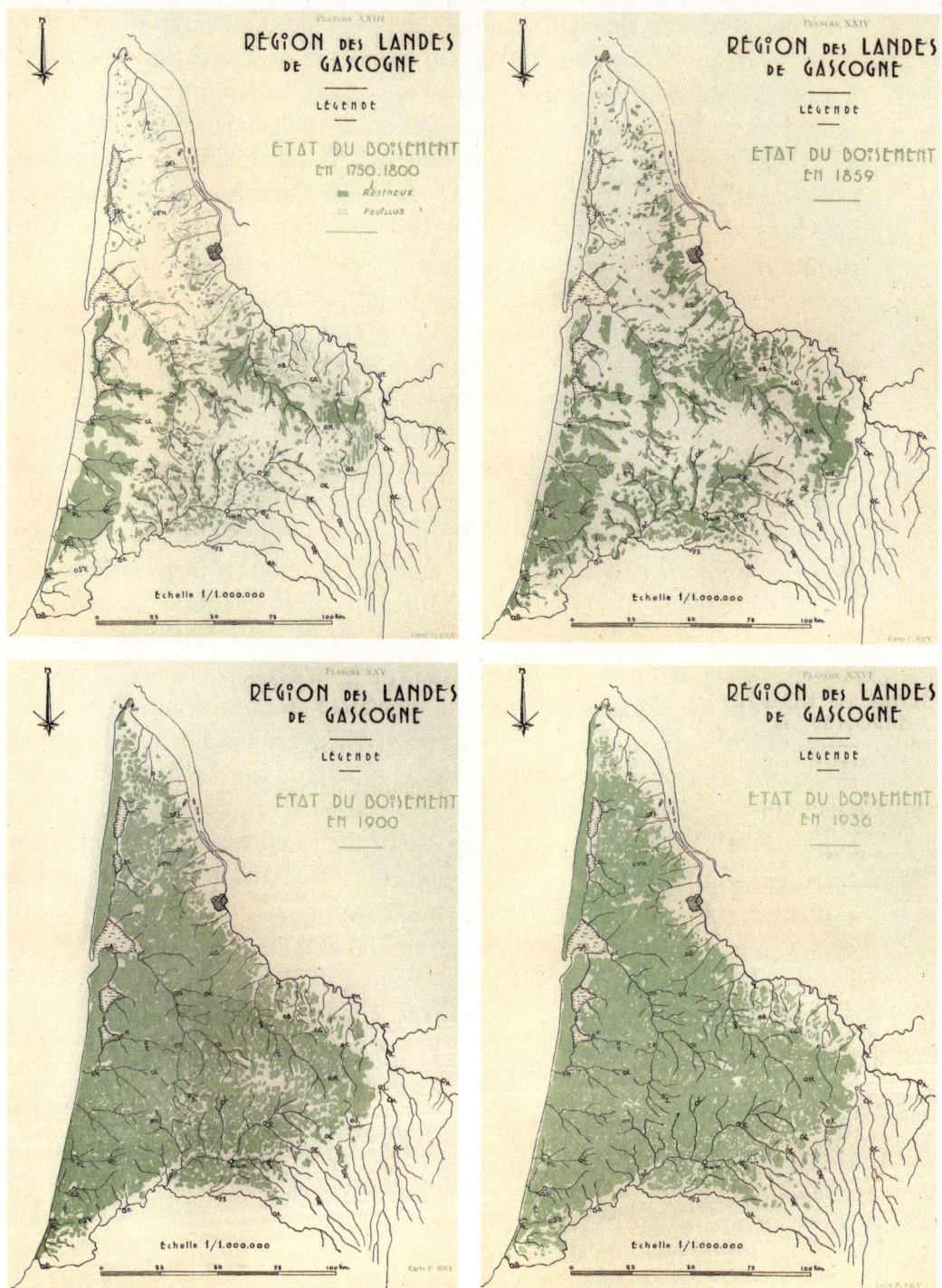

Fig. 37   À partir du XVIIIe siècle, la forêt recouvre rapidement une grande partie des Landes.

s'intéresser au potentiel colonial du Nouveau Monde. Mais c'est seulement lors du blocus continental instauré en 1806 par Napoléon qu'ils furent réellement contraints d'en importer du Canada[73].

Avec la révolution industrielle et l'urbanisation qui l'accompagnait, les forêts aux essences diverses de la vaste vallée laurentienne devinrent les « hectares fantômes » dont le pays avait besoin pour construire navires, chemins de fer et logements. Au total, la région procura, pour satisfaire aux appétits de l'Angleterre du XIXe siècle, environ 930 000 hectares de surfaces boisées. En comparaison, la ceinture verte de Nourse faisait figure de bosquet[74]. [Fig. 36]

Ce gigantesque programme d'exploitation n'entraîna pas l'anéantissement des forêts laurentiennes. En effet, si les essences qui les peuplaient évoluèrent, la couverture totale demeura relativement constante. Les ravages d'origine humaine survinrent réellement lorsque les colons européens, toujours en quête de la précieuse ressource, privèrent par la force les Algonquins et les Innus d'autres de leurs terres.

LA FORÊT DES LANDES

Les Landes de Gascogne, dans le sud-ouest de la France, sont couvertes par l'une des plus vastes forêts de création humaine en Europe. C'est aussi l'une des mieux documentées – et l'une des plus contestées, faisant à l'heure actuelle l'objet de sévères critiques de la part des scientifiques et des écologistes. Cette monoculture de pins maritimes a souvent été victime du feu. La première fois, au XVIIIe siècle, lors d'un incendie volontaire déclenché par des bergers opposés à ce boisement qui les privait de leur subsistance ; puis à de nombreuses reprises, au XXe siècle, pour des causes naturelles ou humaines. Enfin, en 2022, les Landes ont été massivement frappées par les effets du changement climatique, démontrant la faible résistance de cette monoculture. Les incendies catastrophiques qui ont ravagé cette année-là la France comme le reste de l'Europe ont détruit dans le seul département de la Gironde 26 686 hectares, soit plus que la surface totale de la ceinture verte imaginée par Nourse autour de Londres[75].

Cette forêt, dont la superficie a atteint à son maximum près de 1 million d'hectares, fut plantée vers 1790 dans le but d'enrayer l'avancée

---

73 Keith Pluymers, *No Wood No Kingdom: Political Ecology in the English Atlantic*, University of Pennsylvania Press, Philadelphia, 2021, vol. 3, p. 9-10.

74 J. Clifford et S. Castonguay, « British ghost acres », p. 134.

75 Système européen d'information sur les feux de forêt, « Seasonal Trend for European Union », *Copernicus: Europe's Eyes on Earth*, https://effis.jrc.ec.europa.eu/apps/effis.statistics/seasonaltrend. Voir aussi Romain Imbach, Manon Romain et Pierre Breteau, « Incendies : six cartes et graphiques qui dressent un premier bilan d'un été sans précédent », *Le Monde*, 22 août 2022, https://www.lemonde.fr/les-decodeurs/article/2022/08/22/incendies-six-cartes-et-graphiques-qui-montrent-un-premier-bilan-inedit-de-l-ete_6138700_4355770.html.

des dunes qui empiétaient sur les fertiles terres agricoles des Landes. [Fig. 37] Le projet avait à sa tête Nicolas Brémontier, ingénieur qui avait repris des recherches précédemment réalisées par d'autres et auquel on attribua par la suite la fixation des dunes[76]. À l'époque, les motivations réelles du boisement soulevèrent des contestations locales. Par la suite, elles devaient susciter les éloges d'instances géographiquement éloignées, le génie américain par exemple[77]. L'objectif explicitement visé était la création de revenus à partir des dérivés du pin. Au fil du temps, les bénéfices économiques de la résine et de la térébenthine se répartirent de manière inégale entre les propriétaires terriens, d'où des conflits politiques et sociaux. Là où une forêt aurait pu répondre aux différents besoins de la région, en conciliant par exemple exploitation du bois et pâturage, les fruits de la stratégie adoptée ne profitèrent qu'à certains.

Aujourd'hui, cette méthode de stabilisation des dunes serait considérée par trop radicale. Elle n'en reste pas moins intéressante par sa longévité, et ce, malgré l'arrêt de l'exploitation des produits issus du pin et malgré les vulnérabilités dues à sa monoculture. Avec le temps, la forêt de pins a acquis son identité actuelle d'attraction touristique et de source de bois d'œuvre. Mais son histoire ne saurait se poursuivre comme avant l'été 2022, car à cause du changement climatique, qui engendre sécheresses et forte hausse des températures, la forêt ne survivra pas en l'état. Adopter des stratégies plus éclairées s'impose donc. Nonobstant les origines autocratiques des Landes, il faut aujourd'hui les transformer en mosaïque démocratique regroupant des végétaux aussi variés que leurs utilisations. Cette reconception doit mobiliser l'ensemble des usagers de la forêt afin d'aboutir à plus de biodiversité, de résilience et de possibilités, pour le bien de tous.

LA GRANDE MURAILLE VERTE

Les forêts créées en monoculture ne sont pas qu'un vestige du passé. Afin de freiner l'avancée du sable, comme dans les Landes mais à bien plus grande échelle, la Chine a entrepris en 1978 la plantation d'une grande muraille verte (projet également connu sous le nom de Three-North Shelter, car il porte sur les trois régions du nord du pays). Destinée à enrayer la progression du désert de Gobi, la grande muraille verte, qui couvre à ce jour plus de 500 000 km², est la plus vaste forêt

---

[76] L'idée de planter des pins dans le but de protéger les dunes est en fait due aux frères Desbiey. Quant à Brémontier, il parvint à convaincre les autorités de l'intérêt du projet, obtint des financements et mena à bien les travaux de plantation. Voir Jacques Sargos, *Histoire de la forêt landaise*, L'Horizon chimérique, Bordeaux, 1997, p. 361-388.

[77] « Ce fut une admirable victoire de l'intelligence humaine sur la brutalité de la nature. Un homme, Brémontier, mort à Paris en 1809, mérite indiscutablement la gratitude non seulement de la population française, mais de tous ceux qui s'intéressent à l'exploitation forestière, partout dans le monde. », Ralph H. Faulkner, « A Lesson From France », *American Forestry*, vol. 25, n° 306, janvier 1919, p. 1157.

plantée au monde[78]. De même que celle des Landes, elle repose sur une monoculture, avec les risques que cela comporte. Elle aussi a fait l'objet de critiques, surtout concernant l'emploi d'essences pionnières à croissance rapide, car celles-ci puisent dans le sol d'énormes quantités d'eau, d'où un risque de désertification accrue. Il reste cependant possible de restructurer le projet et de le faire évoluer d'ici à son achèvement, prévu en 2050. La grande muraille verte deviendrait alors une forêt écologiquement équilibrée et exploitée en concertation avec les communautés locales. Mais l'organisation du projet, imposé d'en haut, ainsi que les pertes dues à l'avancée du désert, donnent à craindre que dans l'urgence, changer de méthode sera impossible.

LE JARDIN-FORÊT MILPA

Il existe pourtant des exemples convaincants de forêts artificielles qui parviennent à obtenir à la fois une biodiversité riche et de belles récoltes de bois. Certains types de forêts ont été ingénieusement gérés pendant des millénaires par des civilisations dites archaïques. Le jardin-forêt milpa, apparu en 2500 avant notre ère, est une technique d'association de cultures sur un cycle de 10 à 25 ans. Ce système s'appuie sur la succession des espèces, la biodiversité et les incendies contrôlés pour passer alternativement d'une culture vivrière centrée sur le maïs à une forêt de feuillus en bonne santé, sans utiliser de pesticides ni d'engrais chimiques. Ce cycle de régénération, qui était pratiqué par les Mayas dans le sud du Mexique et le nord de l'Amérique centrale, est toujours utilisé aujourd'hui.

On lance le cycle en prélevant quelques feuillus sur une parcelle de bois, puis en brûlant de façon contrôlée, à basse température, le sol et la végétation forestière restante. Le sol est ensuite couvert de paillis et laissé au repos pour en augmenter la fertilité, en prévision des plantations agricoles. Trois plantes nourricières, appelées « les trois sœurs », seront cultivées sur buttes[79]. Le maïs sert de tuteur pour les haricots grimpants, les haricots fixent l'azote dans le sol, et les feuilles des courges maintiennent la terre à l'ombre, réduisant la croissance des plantes adventices et gardant l'humidité[80]. À ces cultures succéderont des arbres fruitiers, sélectionnés pour leur faculté de tirer leurs nutriments des couches profondes du sol, et finalement des feuillus : le terrain revient donc à l'état dans

---

78   Jonathan Watts, « China's Loggers Down Chainsaws in Attempts to Regrow Forests », The Guardian, 11 mars 2009, https://www.theguardian.com/environment/2009/mar/11/china-forests-deforestation.
79   Julia Watson, Lo-TEK: Design by Radical Indigenism, Taschen, Cologne, 2019, p. 123-137. Voir aussi MesoAmerican Research Center, « Milpa Cycle », Université de Californie, 2010, https://www.marc.ucsb.edu/research/maya-forest-is-a-garden/maya-forest-gardens/milpa-cycle.

80   T. M. Ngapo et al. « Historical Indigenous food preparation using produce of the Three Sisters intercropping system », in Foods, vol. 10, 2021, p. 524, https://doi.org/10.3390/foods10030524, 3 mars 2021.

Fig. 38 Un paysan en milpa et ses cultures dans l'État de Mexico, au Mexique. Les « trois sœurs » (maïs, haricots, courges) sont les principales cultures vivrières utilisées dans le cycle milpa.

Fig. 39 La société Menominee Tribal Enterprises sélectionne avec soin les arbres à couper, suivant la sagesse du chef Oshkosh, qui aurait dit dès le XIXe siècle : « Commencez du côté du levant et avancez vers le couchant, mais ne prenez que les arbres matures, malades et tombés. Arrivés au bout de la réserve, retournez-vous et coupez du couchant vers le levant. Ainsi les arbres dureront éternellement. »

lequel il était quand on l'a brûlé, des décennies plus tôt. [Fig. 38] L'usage du procédé de succession de cultures Milpa est à l'origine de la composition de la forêt contemporaine des plaines mayas, où la grande majorité des essences dominantes répond exactement aux besoins des activités et des usages humains[81].

Aujourd'hui, les détracteurs occidentaux de la déforestation regardent d'un œil soupçonneux l'agriculture sur abattis-brûlis. Dans ce contexte, pourtant, elle est garante de la bonne santé de la forêt et du bien-être des personnes qui la gèrent.

LA FORÊT DES MENOMINEE

Un autre modèle exemplaire de foresterie indigène, vieux de plus de 150 ans, est celui des Menominee, peuple amérindien du Wisconsin, aux États-Unis. Leur forêt est située à environ 400 kilomètres au nord de Chicago. Contraints de céder la plupart de leurs terres au gouvernement des États-Unis au XIXe siècle, les Menominee refusèrent de convertir en terres arables les quelque 95 000 hectares de forêt boréale qui leur restaient. Au lieu de cela, en 1854, ils se lancèrent dans l'exploitation forestière durable[82]. Aujourd'hui, les Menominee continuent d'être à l'écoute de leur forêt et de l'entretenir avec soin. Ils laissent les arbres de valeur grandir et se reproduire, et coupent ceux qui sont tombés ou frappés de maladie. Ils ont conservé des méthodes de bûcheronnage manuelles, avec des scies à main, mais ils associent des drones et des outils numériques à leur savoir traditionnel pour organiser les plannings d'abattage, et se servent de machines dans leur scierie. [Fig. 39] Le bois des Menominee se vend habituellement plus cher, car sa qualité est supérieure. En outre, ces pratiques favorisent le bien-être des 24 essences de la forêt, du reste de sa flore, de sa faune diversifiée et des nombreux autres organismes qui l'habitent. Grâce à une gestion attentive s'appuyant sur une profonde compréhension du terrain, le volume de bois a augmenté au fil du temps, montrant que biodiversité et productivité peuvent faire bon ménage. La menace la plus grave qui pèse actuellement sur la forêt des Menominee, en plus des attaques de nuisibles, des maladies et des caprices de la météorologie amplifiés par le changement climatique, est le manque de main-d'œuvre, car les plus jeunes membres de la tribu sont attirés par d'autres métiers.

À l'instar de la greffe horticole, les pratiques mises en œuvre dans le jardin-forêt Milpa et dans la forêt des Menominee nous rappellent que les êtres humains ont longtemps pris soin de systèmes naturels, les ont di-

---

81 Ronald Nigh et Stewart A. W. Diemont, « The Maya Milpa: Fire and the legacy of living soil », *Frontiers in Ecology and the Environment*, vol. 11, n° 1, 2013, p. 45-54, https://doi.org/10.1890/120344, publié le 1er août 2013.

82 Cara Buckley, « The Giving Forest », *New York Times*, 22 avril 2023.

rigés et ont interagi avec eux, en équilibre avec la nature. Elles montrent que nous faisons partie intégrante de la nature. Face à la multiplication des menaces que le changement climatique fait peser sur l'agriculture et la santé, ces méthodes recèlent une profonde intelligence. Ne les déclarons pas trop vite obsolètes. L'humanité aura besoin de l'ensemble de ses savoirs collectifs, qui comprennent les connaissances indigènes, les sciences, l'écologie, l'architecture et l'urbanisme, pour les traduire en actions efficaces et relever les défis d'un climat qui change.

DETROIT ET GARY, DEUX VILLES REVERDIES

Dans une autre partie du Midwest, on a planté au cours de la dernière décennie deux forêts destinées à améliorer les environnements urbains, au bénéfice notamment des populations affectées par les nuisances de l'industrie lourde. La ville de Detroit (Michigan), jadis cœur du secteur automobile américain, a marqué l'opinion internationale par ses luttes à la suite des fermetures d'usines et de la récession de 2008. De 2000 à 2015, elle a perdu 30 % de sa population. La multiplication des terrains vacants qui s'en est suivie a suscité partout dans l'agglomération l'éclosion soudaine de fermes urbaines et de jardins partagés, entre autres types de réactions. En 2013, un dirigeant d'entreprises, John Hantz, achetait à la municipalité de Detroit plus de 1 500 parcelles de forêt, dans le cadre de ventes sur saisie[83]. Désireux de transformer les lieux en lots boisés urbains afin de produire du bois de construction, de la pulpe et du sirop d'érable, il a planté et géré, avec l'aide de bénévoles et de quelques salariés, 30 000 arbres d'essences locales de feuillus sur ses 57 hectares. Depuis, l'homme d'affaires a vendu 147 lots pour un bénéfice estimé à 2,75 millions de dollars. Cela confirme que cette expérience de boisement urbain était avant tout une opération immobilière, profitable à un seul propriétaire. Si le projet suscite encore des polémiques, il inspire aussi désormais des avis favorables, car le secteur a gagné en propreté et en sécurité, les propriétés environnantes ont pris de la valeur et les bois servent de classes de plein air aux écoles environnantes[84].

Au sud-est de Chicago, la ville de Gary (Indiana) a connu la prospérité grâce à l'acier pendant la première moitié du XXe siècle. Mais comme à Detroit, la fermeture des usines et la fuite des cols blancs vers les quartiers extérieurs en ont fait une *shrinking city*, l'une de ces agglomérations « qui rétrécissent » du fait de leur dépeuplement. Celles-ci sont

---

83 Steve Neavling, « Detroit's Hantz Farms is beginning to look like a land grab after all », *Detroit Metro Times*, 20 septembre 2021, https://www.metrotimes.com/news/detroits-hantz-farms-is-beginning-to-look-like-a-land-grab-after-all-28100125.

84 Jonah Susskind, « Hantz Woodlands: New Growth along the American Rust Belt », *Wood Urbanism: From the Molecular to the Territorial*, sous la dir. de Daniel Ibañez *et al.*, Actar Publishers, Barcelone, 2019, p. 266-278.

désormais contraintes de trouver de nouveaux usages pour nombre de terrains laissés vacants, et pollués pour beaucoup d'entre eux. En 2017, Fresh Coast Capital, société de placement immobilier spécialisée dans la revitalisation de terrains urbains, a noué un partenariat avec une association de sauvegarde de l'environnement pour planter 24 hectares d'arbres destinés à la phytoremédiation de terrains pollués, sur deux sites : un terrain de baseball désaffecté et une friche industrielle précédemment occupée par une fabrique de bonneterie. Avec cette modeste forêt urbaine, les deux partenaires poursuivent un double objectif : exploiter le bois et restituer à la municipalité les terrains une fois décontaminés[85]. Depuis la plantation des arbres, l'entreprise, rebaptisée Greenprint Partners, est devenue un cabinet de planification, conception et ingénierie qui consacre l'essentiel de son activité aux infrastructures vertes. Nombre de ses projets comportent une plantation d'arbres en vue de phytoremédiation, technique que Greenprint Partners a même étendue à des herbacées[86].

Si l'expérience menée sur ces deux forêts plantées permet de traiter avec efficacité certains problèmes des villes postindustrielles, en augmentant la valeur des biens immobiliers et en améliorant la gestion des eaux de pluie, ces exemples restent isolés, notamment faute d'un marché assez solide pour absorber le type de bois produit. Cependant, la demande en bois d'œuvre, qui monte en flèche aujourd'hui, relance l'intérêt économique de la création de forêts dans le Midwest postindustriel. Cette perspective nous ramène à Chicago, siège de Studio Gang, et aux friches qui entourent la ville.

---

[85] Winifred Bird, « Hard-Pressed Rust Belt Cities Go Green to Aid Urban Revival », *Yale Environment 360*, Yale School of the Environment, 31 mai 2016, https://e360.yale.edu/features/greening_rust_belt_cities_detroit_gary_indiana.

[86] Portfolio, Greenprint Partners, https://www.greenprintpartners.com/portfolioshowcase.

LE SENS
DE L'EXERCICE

*
* *
*

En ce
mois de janvier,
à Boston, entrer dans la
serre des jardins botaniques de l'université de Wellesley vous faisait changer de saison. L'air était humide et chaud, chargé d'une odeur d'humus et de plantes vivantes : cactus, fougères, palmiers, conifères. On aurait cru voir nos respirations se mêler, remuées par les grands ventilateurs suspendus, et traverser les pores de tous les êtres présents. Mes étudiants de la Harvard Graduate School of Design et moi étions venus ici pour débuter mon atelier optionnel en apprenant à greffer de jeunes arbres.

Les outils étaient très simples. Il y avait un couteau bien tranchant pour couper le greffon en double biseau et pratiquer la fente dans le porte-greffe. Une bande de caoutchouc poudrée venait entourer le point de greffe afin de le renforcer et d'exercer une pression suffisante pour que la greffe prenne. Enfin, un ruban mince et élastique était appliqué sur le dessus de la greffe pour la protéger des éléments extérieurs.

Nos plaqueminiers de Virginie greffés étaient si jeunes que pour un regard non averti, ils avaient l'air de petits bouts de bois piqués au hasard dans du terreau. Mais au cours des mois suivants, ils allaient révéler leur potentiel. Pendant qu'au fil de notre atelier, on envisageait différentes manières de surélever le garage de l'ensemble brutaliste Peabody Terrace, de Josep Lluis Sert, les arbrisseaux restaient sagement sur leurs plateaux, dans l'école. Certains étudiants ont laissé leurs plants sur leur table sans les arroser, et ils sont morts lentement – sans jamais devenir autre chose que des petits bâtons. D'autres élèves plus attentifs ont su repérer de minuscules évolutions : l'ébauche d'une pousse, puis un éclair vert à l'intérieur – signalant qu'ils étaient prêts à être arrosés plus régulièrement. L'hiver cédant la place au printemps, ils ont commencé à faire des feuilles et à prospérer. Je n'ai pas distribué de points supplémentaires pour les plus beaux plaqueminiers. Mais la beauté inattendue de ces minuscules arbres bien entretenus exprimait l'enjeu véritable de l'atelier : il ne s'agissait pas simplement de greffer, mais de prendre soin du vivant.

*
* *
*

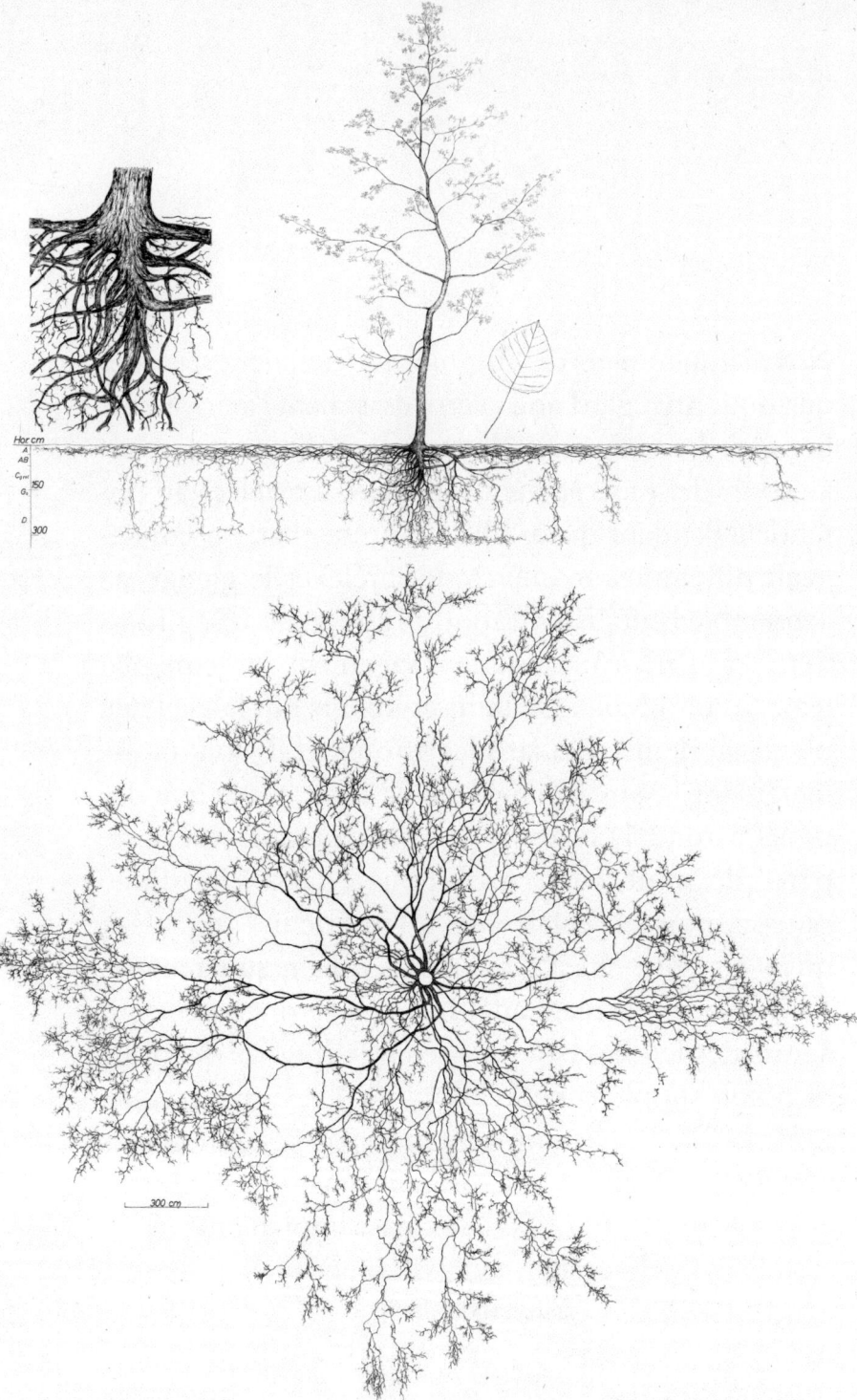

Fig. 40 Avec leur système racinaire très développé et à croissance rapide, les peupliers hybrides, comme *Populus × canadensis*, montré ici, sont particulièrement appropriés pour éliminer et neutraliser les polluants contenus dans le sol ou dans les eaux souterraines. Ces dessins à la main et cette analyse sont dus à deux scientifiques autrichiens, Erwin Lichtenegger et Lore Kutschera.

CHAPITRE VII

DE LA ROUILLE À L'ÉCORCE
UN COROLLAIRE À LA GREFFE URBAINE

Les acteurs de l'architecture et de l'urbanisme se rendent compte aujourd'hui que le gaspillage constant, qu'il concerne nos bâtiments, nos terrains ou nos populations, représente désormais davantage qu'un sujet de préoccupation[87]. En effet, ceux-ci méritent d'être l'objet de soins, activité qui ne devrait pas être réservée à une profession ou à un sexe. Au contraire : nous devons tous nous y mettre, si nous voulons résister à la crise climatique et édifier une société plus juste[88].

La greffe architecturale est une forme de soin, consistant à identifier puis à pratiquer les gestes architecturaux propres à aider les villes à vivre en pleine santé. Dans cette démarche, la population locale joue un rôle de partenaire d'importance égale à celle des professionnels, et partage avec eux la réussite accomplie[89].

La préoccupation qui anime Studio Gang nous amène à considérer de plus près notre ville, Chicago. Si elle représente la quintessence de la cité moderne avec ses gratte-ciel aux vues incroyables sur le lac Michigan, son image pâtit de résidus de pollution industrielle et d'inégalités sociales persistantes. Son espace urbain, semblable à celui de nombreuses autres villes postindustrielles, de Lille (France) à Shenyang (Chine), est, à quelques encablures du centre-ville, une mosaïque de friches de toutes tailles, des sites d'industrie lourde désaffectés à divers stades d'abandon et de détérioration. Ce tissu urbain élargi fait partie intégrante de cette région du nord-est des États-Unis que l'on appelle la Rust Belt, ou « ceinture de rouille ».

Surnommée « la ville aux larges épaules » en raison de sa puissance manufacturière, Chicago est avantageusement située au carrefour d'importantes voies fluviales et ferrées. Devenant au XIXe siècle une véritable locomotive industrielle à force d'augmenter l'échelle et la cadence de sa production, elle transforme les ressources naturelles qu'offrent les forêts et terres agricoles de l'Ouest et du Midwest en biens commercialisables[90]. C'est aussi un important centre de production de bois d'œuvre, d'acier, de brique, de terre cuite et autres matériaux de construction. Les populations qui arrivent par vagues du sud des États-Unis ou de nombreux pays étrangers constituent une grande partie de la main-d'œuvre qui produit des bénéfices record. À la fin du siècle, les grèves, souvent réprimées dans

---

[87] Pour traiter d'importantes questions, Bruno Latour propose qu'on s'intéresse non pas à des *faits* empiriques, mais à des *sujets de préoccupation*, plus propices au débat critique. Voir son article « Why Has Critique Run out of Steam? From Matters of Fact to Matters of Concern », *Critical Inquiry*, vol. 30, n°2, p. 225-248, http://www.bruno-latour.fr/node/165.

[88] L'écoféminisme influence beaucoup mon point de vue sur l'idée de soin. Voir Maria Puig de La Bellacasa, *Matters of Care: Speculative Ethics in More Than Human Worlds*, University of Minnesota Press, Minneapolis, 2017.

[89] Pour désigner cette démarche, j'ai également employé l'expression d'« idéalisme pratique ». Voir Studio Gang, *Architecture*, traduit de l'anglais (États-Unis) par Jean-Marc Agostini et Pierre Brévignon, Phaidon, Paris, 2020, p. 17-21.

[90] Pour une histoire détaillée de ce phénomène au XIXe siècle, voir l'ouvrage précurseur de William Cronon, *Nature's Metropolis: Chicago and the Great West*, W. W. Norton & Company, New York, 1992.

le sang, révèlent les tensions et injustices qui ont mené Chicago à son avènement. Les ouvriers de toutes origines s'unissent pour revendiquer des conditions de travail, des horaires et des salaires plus acceptables.

Dans le même temps, l'agglomération s'étend vers le sud, sur les rives du lac Michigan et vers l'ouest, en donnant naissance à une ceinture d'usines, d'entrepôts et de sites de production toujours plus étendus. Afin de poursuivre le développement et la réussite économique de Chicago, de grands dirigeants d'entreprises chargent alors Daniel Burnham et Edward Bennett, architectes et urbanistes, de concevoir un plan général de la ville. Inspiré du mouvement City Beautiful, leur Plan de Chicago de 1909 dessine, outre des infrastructures de transport et de monumentaux bâtiments publics, de vastes espaces verts et promenades le long du lac. Leur œuvre servira de modèle à des extensions et embellissements réalisés tout au long du XXe siècle. Burnham et Bennett n'ont cependant pas anticipé le fort déclin du secteur manufacturier, celui-là même qui avait nourri l'ascension de la ville, ni la complexe question du devenir des terrains pollués et laissés vacants après la fermeture des sites.

La main-d'œuvre employée dans les usines de Chicago atteint un sommet en 1947, puis demeure voisine de 500 000 personnes pendant les années 1960, pour répondre à l'explosion du secteur de la construction après guerre, qui s'accompagne d'un fort mouvement de suburbanisation[91]. Le processus de désindustrialisation débute réellement dans les années 1970, non seulement à Chicago mais aussi dans d'autres agglomérations de la Rust Belt, comme Detroit ou Cleveland, les entreprises délocalisant leurs usines vers l'Amérique du Sud ou ailleurs dans le monde, en quête d'une main-d'œuvre moins chère et de réglementations moins strictes. Comme en témoigne notre projet Garden in the Machine, dans la ville de Cicero, nombre de ces villes et leur périphérie immédiate sont toujours aux prises avec les effets de la pollution et avec une pénurie d'emplois correctement rémunérés. Les communautés ouvrières noire et hispanique comptent parmi les plus touchées[92]. Si ces endroits, avec leurs terrains à bas prix et leurs abondantes ressources naturelles, attirèrent d'abord les industries, les *drosscapes* ou paysages de rebuts qu'ils sont devenus sont difficiles à réhabiliter[93]. Certains quartiers demeurent de véritables décharges où s'entassent aussi bien les gravats issus d'anciens immeubles que le *petcoke* (ou coke de pétrole), produit issu du raffinage du pétrole, qui entraîne notoirement des risques de maladies pulmonaires

---

91 David Moberg, « Work », *Encyclopedia of Chicago*, Chicago Historical Society, 2005, http://www.encyclopedia.chicagohistory.org/pages/1381.html.

92 Charisse Jones, « Where have the manufacturing jobs gone as U.S. factories closed? », *USA Today*, 1er février 2022, https://www.usatoday.com/story/money/2022/02/01/manufacturing-jobs-factory-closings/9298274002.

93 Alan Berger, *Drosscape: Wasting Land in Urban America*, Princeton Architectural Press, New York, 2017.

et cardiovasculaires[94]. Faute de traitement approprié, les polluants d'origine industrielle continuent à détériorer la qualité de l'eau et des sols, la santé des résidents et, en fin de compte car ces produits s'infiltrent dans la chaîne alimentaire, tous les organismes vivants.

Aux États-Unis, l'Agence de protection de l'environnement (Environmental Protection Agency, EPA) classifie « Superfunds » les terrains les plus toxiques. Le programme Superfund a pour principal objectif de décontaminer ces sites de façon à les rendre sans danger pour les activités humaines et à les réaffecter à une activité productive[95]. Une autre catégorie de terrains, plus répandue, est celle des friches industrielles. Contaminés mais moins nocifs pour l'être humain que les Superfunds, ces sites bénéficient d'une aide financière et technique de l'EPA, accordée en vue de leur nettoyage. Mais les friches sont tellement nombreuses au regard des moyens disponibles qu'elles restent pour la plupart polluées[96].

L'une des techniques de remédiation souvent déployée par l'EPA pour les friches industrielles comme pour les sites Superfunds est le recouvrement des sols contaminés par une couche d'argile, de béton ou d'asphalte. On isole ainsi les polluants, sans pour autant les évacuer ni améliorer la qualité du sol[97]. Une solution plus proactive consiste à mettre en action les superpouvoirs des arbres et des autres organismes forestiers. Par le processus de la phytoremédiation, déjà utilisée à Gary et que nous proposons pour Cicero, certaines essences éliminent les substances toxiques de différents éléments contenus dans les sols pollués et dans les eaux souterraines, et préparent ainsi le terrain à une réutilisation sans danger[98]. Des arbres à croissance rapide comme le peuplier ou le saule sont particulièrement efficaces, car ils digèrent ou suspendent les polluants dans leurs racines, leur bois ou leurs feuilles et rendent ainsi à eux tous sa bonne santé à la terre[99]. La phytoremédiation, méthode d'une efficacité remarquable malgré son faible coût, a ainsi fait ses preuves dans

---

94 Les États-Unis produisent chaque année 600 millions de tonnes de rebuts, gravats et autres déchets de construction, dont 145 millions sont enfouis dans des décharges. Voir *Sustainable Management of Construction and Demolition Materials*, Environmental Protection Agency, 9 juillet 2022, https://www.epa.gov/smm/sustainable-management-construction-and-demolition-materials. Pour en savoir plus sur le *petcoke* et sur ses effets nocifs, voir Meleah Geertsma, *Federal Agency: Petcoke Facility Health Hazard to Residents*, Natural Resources Defense Council, 3 octobre 2016, https://www.nrdc.org/bio/meleah-geertsma/federal-agency-petcoke-facility-health-hazard-residents.
95 *What is a Superfund*, United States Environmental Protection Agency, 1er novembre 2022, https://www.epa.gov/superfund/what-superfund.
96 *Overview of EPA's Brownfields Program*, United States Environmental Protection Agency, 4 mai 2022, https://www.epa.gov/brownfields/overview-epas-brownfields-program.
97 *A Citizen's Guide to Capping*, United States Environmental Protection Agency, septembre 2012, https://www.epa.gov/sites/default/files/2015-04/documents/a_citizens_guide_to_capping.pdf.
98 *A Citizen's Guide to Phytoremediation*, United States Environmental Protection Agency, septembre 2012, https://www.epa.gov/sites/default/files/2015-04/documents/a_citizens_guide_to_phytoremediation.pdf.
99 June Breneman, *NRRI's Hybrid Poplar Wins Praise for Phytoremediation Potential*, Natural Resources Research Institute, Université de Minnesota Duluth, 22 novembre 2021, https://nrri.umn.edu/news/poplar-phytoremediation.

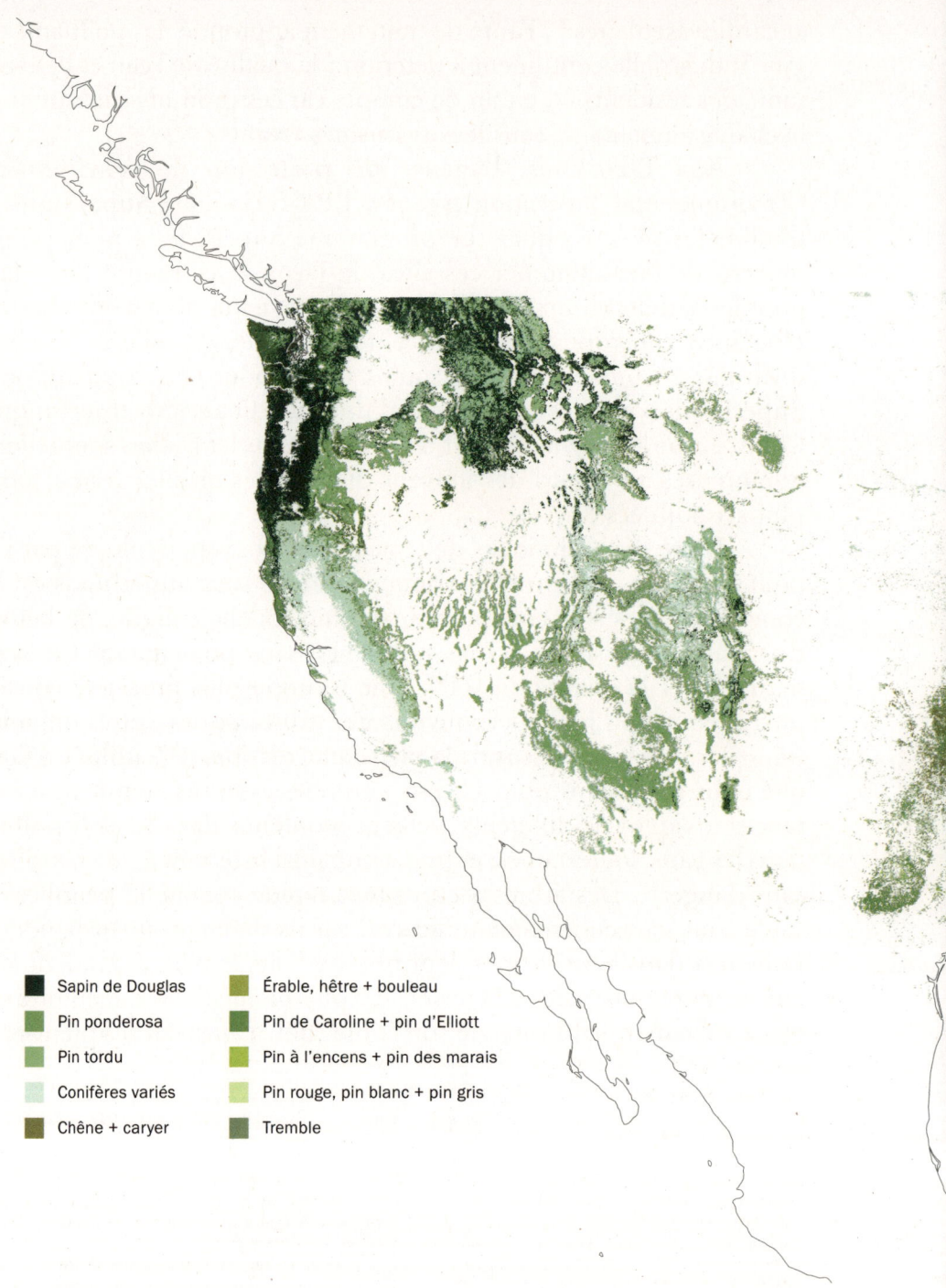

Fig. 41　Types de peuplements forestiers exploitables aux États-Unis
Il existe aux États-Unis environ 140 peuplements forestiers, dont dix sont habituellement exploités pour leur bois d'œuvre. Les régions principalement productrices de bois de construction se situent dans le nord-ouest et dans le sud-est du pays. Données cartographiques extraites d'une étude réalisée en 2008 par le ministère de l'Agriculture américain dans le cadre d'un travail collaboratif réunissant les programmes Forest Inventory and Analysis et Forest Health Monitoring du Forest Service (USFS), ainsi que le Geospatial Technology and Applications Center.

Fig. 42   Au XIXᵉ siècle, la demande en bois était élevée, comme en témoigne cette gravure représentant le vaste quartier de l'industrie du bois à Chicago en 1886. La proximité des forêts, alliée à un dense réseau de voies ferrées et navigables, faisait de la ville une plaque tournante de la vente et de la distribution de bois d'œuvre.

Fig. 43   Au début du XIXᵉ siècle se multiplient les immeubles industriels aptes à accueillir des machines dans leurs vastes espaces sans cloisons. La lumière du jour, nécessaire à l'activité des ateliers, entre à flots par leurs grandes baies.

le traitement des polluants qui souillent le plus fréquemment les sols de la Rust Belt[100].

L'association d'arbres phytoremédiateurs à d'autres végétaux, selon des méthodes appropriées pour la création d'un écosystème, apporte toute sorte de bienfaits aux zones urbaines postindustrielles. Ces bonnes pratiques, outre qu'elles assainissent les sols et l'eau, contribuent à purifier l'air et à le rafraîchir, aident au traitement des eaux de pluie, favorisent la biodiversité et, enfin, améliorent la santé physique et mentale des habitants. Cependant, si ces mesures sont essentielles, elles ne sont pas les seuls changements que revendiquent les habitants des régions postindustrielles, à Chicago et ailleurs. Car dans une économie durable et préparée pour l'avenir, il faut aussi que se créent de nouveaux emplois, et même de nouveaux métiers[101].

À l'heure actuelle, les principaux États des États-Unis producteurs de bois de construction sont ceux du nord-ouest et du sud-est du pays, couverts d'immenses forêts[102]. [Fig. 41] Ces régions abritent toutes deux de nombreuses scieries où le bois est débité, séché puis expédié vers des centres de distribution parfois situés à des centaines et des centaines de kilomètres de la forêt d'origine[103]. Comme en Europe, les principaux consommateurs de bois aux États-Unis, c'est-à-dire les grandes agglomérations, se trouvent très loin des régions boisées.

Il n'en a pas toujours été ainsi. Chicago fut à une époque l'épicentre de la construction en bois, ce qui pourrait surprendre, compte tenu du rôle joué par l'acier dans son économie passée et de l'utilisation de ce métal dans de nombreux bâtiments emblématiques de la ville. Mais en raison de sa situation à proximité des vastes forêts de la région des Grands Lacs, la ville, nœud du réseau de transport, est devenue au cours de la seconde moitié du XIXᵉ siècle le premier marché mondial du bois de construction[104]. [Fig. 42] Le bois abondait dans la ville et, à côté d'industries en pleine expansion dans des quartiers comme Calumet, voire plus excentrés, des activités de manufacture fleurissaient dans les immeubles d'ateliers du centre-ville. Quand ces activités furent transférées ailleurs, ces bâtiments de construction robuste, aux locaux baignés de lumière naturelle sous des plafonds d'une hauteur généreuse, furent faciles à

---

100 Rajni Yadav et al., « Phytoremediation: A Wonderful Cost-Effective Tool », Cost Effective Technologies for Solid Waste and Wastewater Treatment: Advances in Environmental Pollution Research, Elsevier, Amsterdam, 2022, p. 179-208, https://doi.org/10.1016/B978-0-12-822933-0.00008-5.

101 Sur l'histoire des revendications locales pour des emplois sans danger pour la santé et contre le petcoke dans le Southeast Side de Chicago, voir Olga Bautista, « Petcokelandia », Petcoke: Tracing Dirty Energy, Museum of Contemporary Photography, Columbia College Chicago, 2016.

102 « Sawmills in the USA », Complete Guide to Sawmills, York Saw and Knife, https://www.yorksaw.com/guide-to-sawmills/sawmills-in-the-usa.

103 Patricia Layton, directrice du Wood Utilization + Design Institute, professeure en foresterie, université de Clemson (Caroline du Sud), « Mass Timber and the Forest », présentation, Studio Gang, 4 mai 2022.

104 Theodore J Karamanski, « Lumber », Encyclopedia of Chicago, Chicago Historical Society, 2005, http://www.encyclopedia.chicagohistory.org/pages/767.html.

convertir à d'autres usages. À l'époque contemporaine, ces anciens ateliers sont devenus très prisés, qu'on les transforme en espaces de travail ou en lofts[105]. [Fig. 43] Les dimensions impressionnantes de leurs structures apparentes attestent de l'âge et de la qualité du bois qui abondait jadis dans des États comme le Wisconsin ou le Michigan. Mais au début du XXᵉ siècle, l'épuisement des ressources forestières entraîna la disparition des vastes entrepôts de bois de Chicago. Les scieries et autres entreprises du secteur partirent s'installer dans des régions qui, elles, favorisaient toujours la production de bois.

Aujourd'hui, à l'heure où l'on prend conscience du problème de la pollution au carbone et où s'appliquent des règlementations plus strictes en la matière, le bois d'œuvre est l'un des matériaux les plus recherchés – et l'un des sujets les plus débattus – au sein des secteurs de la construction tant américain qu'européen. Les architectes, soucieux de réduire l'empreinte carbone de leurs projets, sont de plus en plus nombreux à y intégrer du bois. Pourtant, la plupart des chantiers urbains étant très éloignés des forêts, cela a pour effet d'augmenter leur coût en émissions de CO_2 et en main-d'œuvre. La demande en bois de construction de qualité supérieure ne peut que s'accroître, parallèlement au marché naissant du bois d'ingénierie[106].

Le bois d'ingénierie recouvre de nombreux produits, parmi lesquels le lamellé-croisé (CLT), le lamellé-cloué (NLT), le lamellé-collé, les panneaux massifs en contreplaqué, le lamellé-chevillé et le lamibois (ou bois lamifié ou bois en placage stratifié). Si ce secteur a connu un considérable développement, ces produits restent chers, car relativement rares, et sont donc exclus de nombreux projets. Certains fournisseurs sont des entreprises familiales qui gèrent leurs propres forêts depuis des générations. D'autres sont des scieries qui s'approvisionnent généralement auprès de propriétaires forestiers et débitent le bois à façon. S'y ajoutent les fabricants de CLT, considérés comme des consommateurs de bois de construction, qui achètent des planches aux scieries puis les transforment en éléments de bois d'ingénierie.

Avec le temps, ces produits transformés se sont améliorés et offrent désormais des performances structurelles plus régulières, c'est pourquoi ils sont mieux acceptés pour remplacer d'autres matériaux. En attendant que d'autres produits, comme le béton bas carbone, puissent les concurrencer, les besoins restent clairs : pour réduire l'impact environnemental

---

105 Le premier projet réalisé par Studio Gang était la réhabilitation d'une ancienne fabrique de soutiens-gorge construite en bois dans le quartier de Logan Square, à Chicago. Voir Nancy R. Hiller, *A Home of Her Own*, Indiana University Press, Blomington, 2011, et Lisa Skolnik, « Collector's Item », *Chicago Tribune*, 28 décembre 1997.

106 Ben Romanchych Consulting, « Incremental Mass Timber (Glulam and Mass Panels) Consumption », *Softwood Lumber Board Report,* FPInnovations, octobre 2020. Voir aussi P. Layton, 4 mai 2022.

de l'architecture, il nous faut davantage de bois. Développer le secteur du bois d'ingénierie pour répondre à cette demande croissante suppose davantage de fabricants, de fournisseurs, et de forêts.

Et si les forêts d'exploitation réapparaissaient dans la région de Chicago, cette fois plus étroitement greffées dans la ville ? Nous pourrions peut-être alors nous passer d'hectares fantômes où trouver du bois d'œuvre. Comment tirer parti de notre compréhension actuelle des écosystèmes forestiers et des méthodes de foresterie à impact modéré, de manière à satisfaire aux revendications des populations locales en matière de justice environnementale et d'emploi sans danger pour la santé ? Nous avons la terre, la main-d'œuvre, le savoir-faire, l'intérêt pour ces questions. Tout ce qu'il nous faut maintenant, c'est un plan concret et réalisable.

UNE PROPOSITION RADICALE

Ces éléments en main, il est temps de dessiner de meilleurs lendemains pour la Chicago postindustrielle. La quantité de terrains vacants et la faible convoitise qu'exercent les friches offrent aux greffeurs urbains un matériau de luxe : le temps. Nous pouvons prendre le temps de régénérer les sols à l'aide de végétaux, de susciter l'implication des citoyens et de créer des forêts à la fois écologiques et productives, c'est-à-dire non pas des plantations en monoculture mais un ensemble interconnecté de parcelles de biodiversité. En nous inspirant de la dynamique complexe des écosystèmes forestiers et de leur gestion, nous pouvons établir des interactions destinées à donner à ces terrains, lentement mais sûrement, une nouvelle utilisation et à aider les populations à la cultiver. Inspirés par notre intérêt partagé pour Chicago et pour l'environnement, nous traçons la voie qui mène de la ceinture de rouille à la « ceinture d'écorce ».

La dispersion des friches à Chicago et leurs superficies variées autorisent une sorte d'anti-plan directeur radical. Au lieu de faire table rase, selon une démarche imposée d'en haut, nous défendons l'idée d'un cadre qui évolue avec le temps. La taille des parcelles boisées que nous proposons d'implanter correspond à celle des sites industriels désaffectés. Par ailleurs, une grande partie des forêts américaines se trouve entre des mains privées, comme en France[107]. En moyenne, les parcelles en question font moins de 10 hectares[108]. Sachant cela, la friche urbaine moyenne dans la Rust Belt, qui s'étend sur 2,7 hectares, est suffisamment grande

---

107 Sur la situation en France, voir *La Propriété forestière*, Institut national de l'information géographique et forestière, https://inventaire-forestier.ign.fr/spip.php?rubrique70. Sur la situation aux États-Unis, voir *U.S. Forest Ownership and Management*, Congressional Research Service, 16 décembre 2021, https://sgp.fas.org/crs/misc/IF12001.pdf.

108 *Who Owns America's Forests*, Timber Assurance, National Association of State Foresters, 2022, https://www.stateforesters.org/timber-assurance/legality/forest-ownership-statistics.

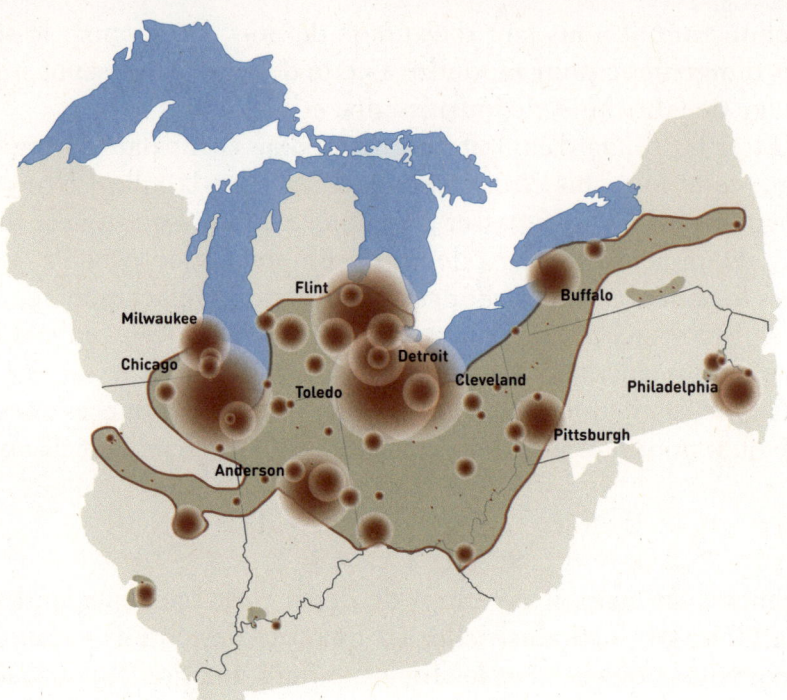

Fig. 44 La Rust Belt, région caractérisée par de fortes concentrations de friches à la périphérie des villes. Jadis cœur industriel des États-Unis, cette « ceinture de rouille » s'étend sur environ 362 600 km² et neuf États.

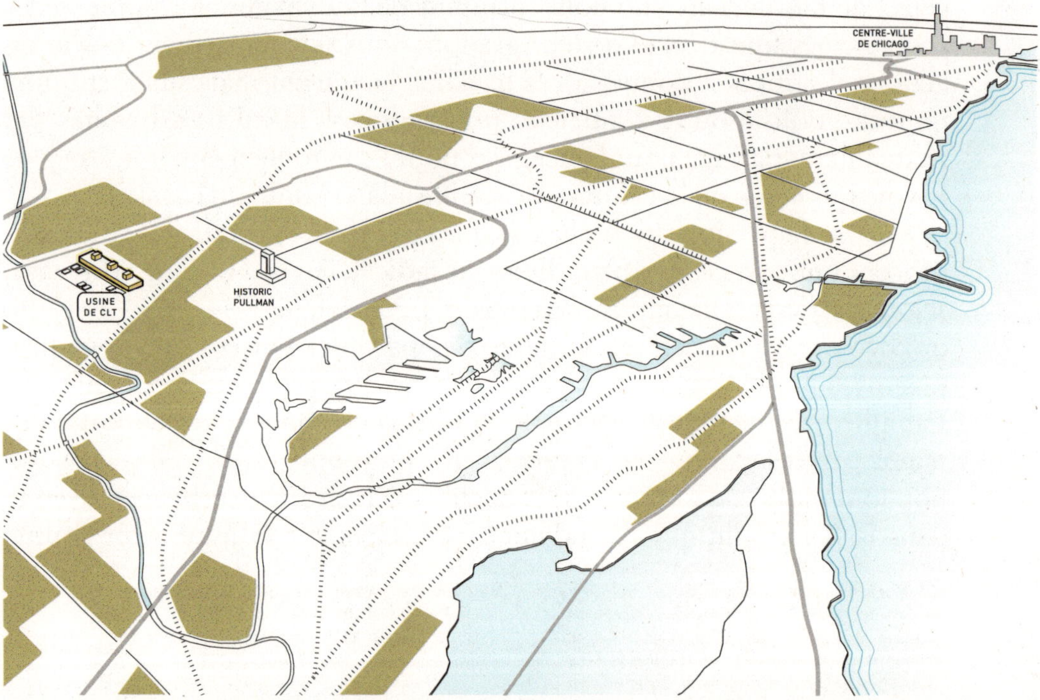

Fig. 45 Aujourd'hui : commencer avec l'existant

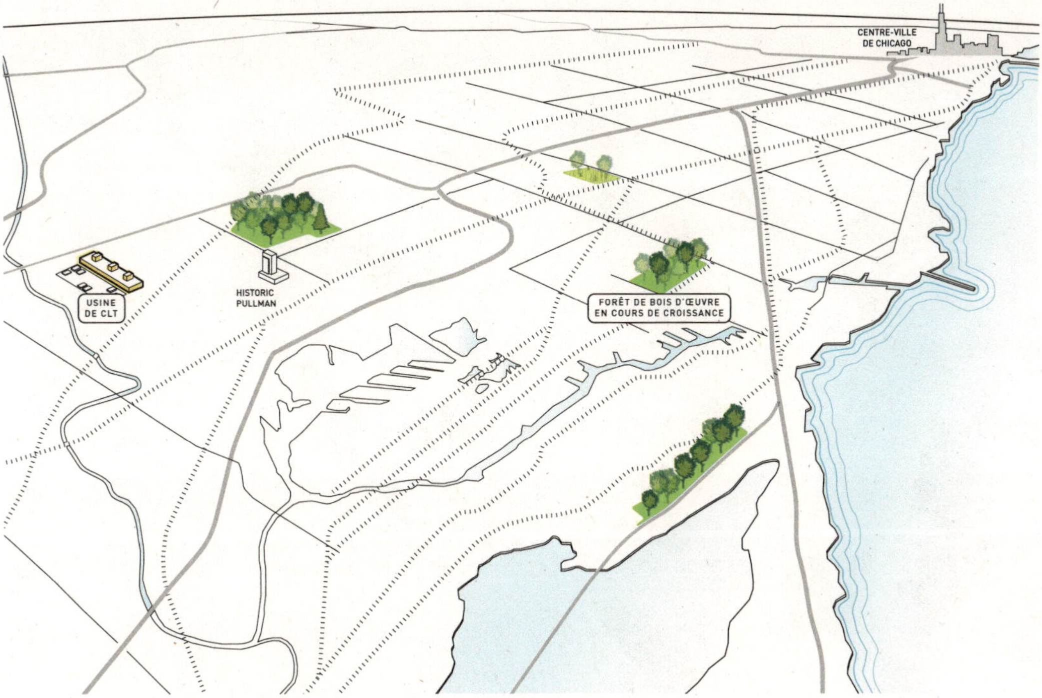

Fig. 46 Avenir proche : sites pilotes

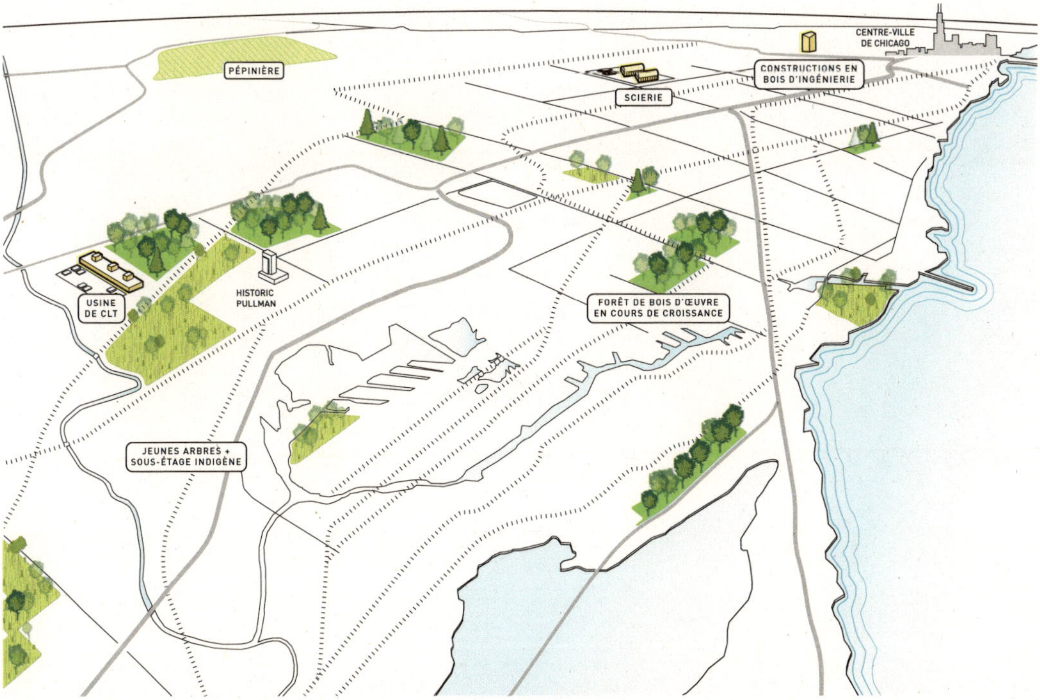

Fig. 47 Décennie suivante : développement d'un secteur du bois d'œuvre écologique

De la rouille à l'écorce, un corollaire à la greffe urbaine

161

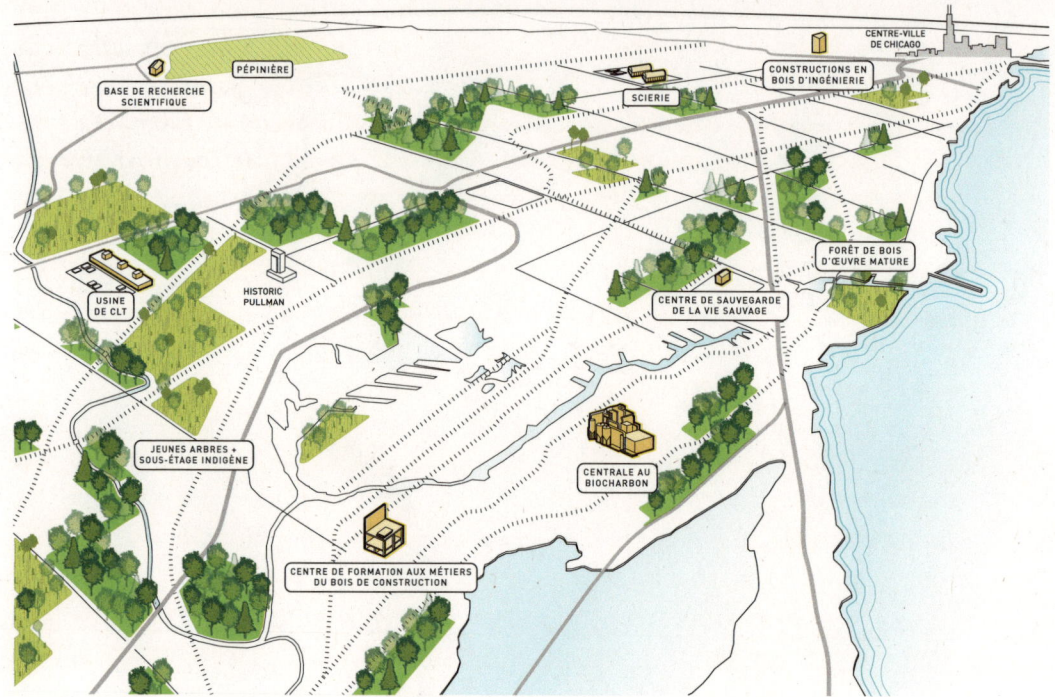

Fig. 48 Plus tard : un écosystème florissant et autosuffisant
Chicago devient le berceau d'un nouveau secteur producteur de bois d'œuvre et d'emplois. Parallèlement, l'écosystème bénéficie d'une gestion forestière appropriée.

pour une parcelle de forêt, d'autant plus que de nombreuses friches sont proches les unes des autres[109]. En somme, on se plaît à imaginer que ces sites peu attrayants, car pollués et d'une utilité limitée, pourraient procurer des ressources forestières vitales pour des villes comme Chicago.

Selon notre vision, le réseau s'étoffant, de nombreux propriétaires peuvent y participer. L'intégration de chaque parcelle donne lieu à une concertation avec les populations voisines, afin que la forêt implantée corresponde à leur contexte particulier et satisfasse leurs objectifs. Des collectivités peuvent d'ailleurs elles-mêmes devenir propriétaires. De plus, il est possible d'insérer, dans le réseau, des forêts urbaines existantes, comme celles de Detroit et de Gary. [Fig. 44-47]

Ce projet, assimilable à un processus plutôt qu'à un produit fini, aboutit à des forêts marquées par la diversité, qui à elles toutes constituent un patchwork intentionnel. Leur libre assemblage relève de la théorie écologique de la « dynamique des patchs », selon laquelle l'hétérogénéité favorise la résilience. L'imitation d'écosystèmes fonctionnels, composés de différents sites forestiers à différents stades de succession écologique, amène une absence d'ordre voulue, une diversité qui confèrent à notre forêt la robustesse que nous recherchons[110]. Pas plus que pour le greffage, qu'il soit horticole ou architectural, la pureté ne constitue un but, et nous n'envisageons pas de géométrie dominante. Au contraire, puisque notre approche part de ce qui est déjà là. Nous travaillons sur l'environnement spécifique à chaque site et avec la population locale, dans un objectif de réparation, de guérison. Avec le temps, les parcelles se multipliant, ce territoire acquerra, toujours selon notre vision, une nouvelle identité, celle d'une ceinture d'écorce, reflet de son écologie et de son économie régénérées. [Fig. 48]

Pour que cette méthode soit efficace, nous devons repenser non pas un seul, mais tous les aspects du processus de reboisement. Pour commencer, cela consiste à identifier l'emplacement futur des forêts, ainsi que leur voisinage, afin de déterminer les associations d'essences à planter, d'instaurer des protocoles de soins et de gestion, et d'établir des modèles de propriété, tout en tenant compte de nombreuses autres variables. Et surtout, il faut inciter d'autres intervenants à participer au projet.

Considérer les villes et les forêts comme les partenaires d'une évolution, c'est se départir radicalement de la pensée des Lumières et des sensibilités modernistes. Greffer des forêts sur des villes est une notion

---

109 US Environmental Protection Agency (EPA), *Cleanups in My Community*, 27 juin 2022, https://www.epa.gov/cleanups/cleanups-my-community.

110 Jianguo Wu, « Patch Dynamics », *Encyclopedia Britannica*, 17 décembre 2019, https://www.britannica.com/science/patch-dynamics. Voir aussi Jere A. Boudell, « Gap and Patch Dynamics », *The Wetland Book*, Springer, 2018, https://link.springer.com/referencework/10.1007/978-90-481-9659-3.

tout aussi radicale. Mais avec le changement climatique, le *statu quo* n'est plus possible. La quête croissante de bois incite les architectes à chercher plus loin que la solution, satisfaisante en apparence, consistant à indiquer du bois d'œuvre dans leurs spécifications. Nous devons viser à un échange plus étroit entre les arbres et les personnes, entre les forêts et les agglomérations – perspective particulièrement intéressante pour les greffeurs qui travaillent à l'échelle de la ville. Si je me suis mise à étudier cette question, ce n'est pas seulement pour enrichir le débat sur les forêts, mais aussi parce que mon équipe et moi-même sommes sur le point d'en planter une, qui croîtra entourée de nos soins.

LA
CABANE
PRIMITIVE

Notre
vision du
monde est biaisée par
notre éducation. S'il est impossible
d'en faire table rase, nous pouvons ajuster nos
verres de façon à porter sur les choses un regard différent, voire tout à fait opposé.

J'ai moi-même été éduquée dans l'idée que nous devions beaucoup aux architectes de l'époque des Lumières. Incarnation de la métaphysique architecturale, source de toute la théorie ultérieure et expression de ce qui passait pour naturel et essentiel en architecture, l'*Essai sur l'architecture* du père Marc-Antoine Laugier fut publié dans sa première édition à Paris en 1753. Le frontispice de la deuxième édition représentait une « cabane primitive ». Bien que Laugier ne l'évoquât jamais en tant que telle, cette image plaidait en faveur d'une réforme de l'architecture de son temps. Davantage que le texte de son essai en soi, elle a été utilisée à l'appui d'idées architecturales de toutes sortes, qu'elles soient idiosyncratiques ou élaborées à l'extrême. Pourtant, nul n'a jamais décrit cette cabane rustique comme ce à quoi elle ressemble le plus, pour moi : le produit d'une greffe.

Fig. 49 Frontispice par Charles Eisen illustrant la deuxième édition française de l'*Essai sur l'architecture*, de Marc-Antoine Laugier.

Fig. 50   Frontispice par Samuel Wale illustrant la première édition anglaise du livre de Marc-Antoine Laugier.

Sur la gravure, on discerne les piliers, l'entablement et le fronton. Mais ce qui saute aux yeux, ce sont les branches entremêlées, avec leur feuillage bien vivant – rien à voir avec des branches mortes récupérées dans la forêt. Cette illustration donne à penser que la structure entière est vivante. L'allégorie de l'architecture, qui supervise le chantier, signale la jointure entre le toit de branches et le tronc des quatre arbres. Peut-être donne-t-elle ses instructions sur le travail de greffage. Peut-être observe-t-elle simplement la soudure, là où les branches se sont naturellement greffées sur les arbres. (Il existe d'ailleurs une intéressante théorie selon laquelle la greffe horticole est issue de la construction et non l'inverse : nos ancêtres, après avoir courbé et lié des branches fraîchement coupées pour se fabriquer des abris, auraient remarqué que certaines d'entre elles se greffaient les unes sur les autres, ce qui leur aurait donné l'idée d'imiter la nature[111].)

En France, les jardiniers, riches de leur savoir-faire de greffeurs, ont longtemps ordonné les arbres des jardins selon des géométries architecturales. Il se peut que ce lien entre greffe et architecture ait influencé Charles Eisen, artiste français auteur de cette illustration. Sa gravure contraste fortement avec le frontispice de la première édition anglaise de l'essai de

---

[111] B. Juniper et D. Mabberley, *The Extraordinary Story of the Apple*, p. 112. Cité dans K. Mudge et al., « A History of Grafting », p. 445.

Laugier. Dans cette nouvelle image, la femme architecte a laissé place à des ouvriers, qui construisent visiblement l'ossature de la cabane avec du bois débité, et donc mort. L'un d'eux arrache même une branche d'une souche, en faisant levier avec son pied.

Pourquoi a-t-on écarté la cabane greffée ? Est-ce parce que l'illustrateur anglais, Samuel Wale, ignorait l'art de la greffe ? Ou bien – interprétation plus provocatrice – Laugier lui-même, optant pour la rationalité, avait-il renoncé à l'idée d'interdépendance avec la nature, lui qui voyait naguère en elle l'origine de l'architecture et de ses ordres ? Car dans l'esprit des Lumières, la nature sauvage était une force à dompter, et la cabane greffée lui offrait une liberté excessive. Si l'on pousse les spéculations plus loin, peut-être Laugier remplaça-t-il la gravure pour répondre aux critiques de ses contemporains, qui lui reprochaient d'être insuffisamment éclairé. Peut-être céda-t-il face à une conception plus ordonnée de l'architecture.

Je préfère pour ma part le frontispice gravé par Eisen. Je préfère suivre le doigt de l'architecte, qui désigne la greffe comme méthode pour prolonger la vie de l'existant et préparer ainsi l'avenir de notre architecture et de nos villes.

ANNEXES

GLOSSAIRE DU RÉEMPLOI DE BÂTIMENTS ET DE TERRAINS URBAINS

BIBLIOGRAPHIE

BIOGRAPHIE DE L'AUTRICE

REMERCIEMENTS

CRÉDITS PROJETS STUDIO GANG

CRÉDITS ICONOGRAPHIQUES

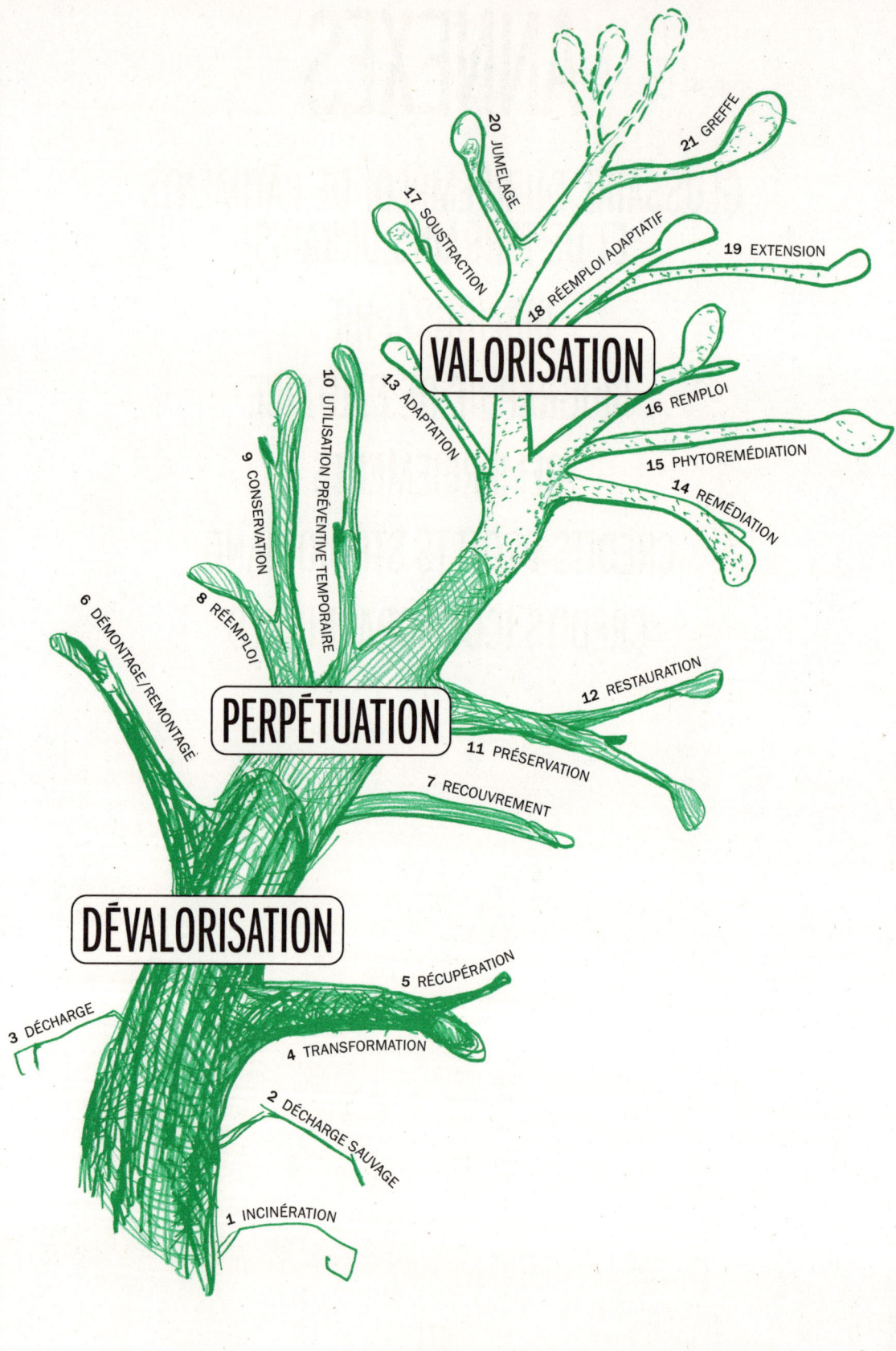

GLOSSAIRE DU RÉEMPLOI DE BÂTIMENTS ET DE TERRAINS URBAINS

Toutes les interventions consistant à réemployer des bâtiments ou terrains urbains existants limitent les émissions de carbone et donc la présence de gaz à effet de serre dans l'atmosphère, mais certaines y réussissent plus que d'autres. Ces méthodes peuvent créer une valeur ou l'altérer, du point de vue esthétique, culturel ou économique. Quelles différences y a-t-il entre les différents types de réemploi ?

Pour rendre les échanges professionnels sur le réemploi plus productifs et plus précis, il faut en effet différencier les termes que cette notion recouvre et définir leurs rapports. Nous avons symbolisé sur la branche ci-contre ces différentes catégories d'interventions, certaines très répandues, d'autres encore peu pratiquées. À une extrémité de la branche se trouvent les mesures qui, si elles réduisent un peu les émissions de CO_2, engendrent aussi une perte de valeur, c'est pourquoi on les qualifie de « dévalorisation » ou de « décyclage ». À l'autre extrémité, des actions plus poussées aboutissent à une réduction maximale de cette pollution, tout en augmentant la valeur. On les désigne par les termes de « valorisation » ou « surcyclage ».

GASPILLAGE

Démolition d'un bâtiment sans tenir compte de sa valeur environnementale, historique ou architecturale. On perd toute l'énergie et les ressources qui ont été utilisées pour le construire. On gaspille également un quartier en le laissant se dégrader au lieu d'investir dans son entretien.

1 INCINÉRATION
Destruction de matériaux par le feu, ce qui entraîne une perte totale de leur valeur et une pollution atmosphérique.

2 DÉPÔT EN DÉCHARGE SAUVAGE
Dépôt illégal de déchets sur des sites non destinés à cet effet, par exemple le bord d'une route, un champ, une rivière ou un terrain vague.

3 DÉPÔT EN DÉCHARGE
Mise au rebut de matériaux de construction. Avec eux disparaissent la valeur et l'énergie consacrées à les fabriquer. Les décharges elles-mêmes, en se dégradant, polluent l'environnement.

DÉVALORISATION

Changement apporté à un bâtiment, un élément d'un bâtiment ou un matériau de construction, qui en diminue la valeur ou en affecte négativement l'identité. Appliquée à un terrain, la dévalorisation consiste à en extraire des ressources d'une manière qui en réduit la valeur écologique ou culturelle.

4 TRANSFORMATION
Transformation d'un matériau qui est broyé, réduit en fragments, pulvérisé ou fondu, pour en fabriquer un nouveau (habituellement incorporé dans une matrice), aux propriétés différentes de celui d'origine. Décomposer l'un et produire l'autre consomme une grande quantité d'énergie. C'est pourquoi détruire ou transformer des produits a une empreinte carbone supérieure à celle obtenue par toutes les techniques de réemploi décrites ci-après.

5   RÉCUPÉRATION

Collecte de matériaux et éléments à la suite d'une démolition, en vue de réemploi dans un nouveau contexte, en leur évitant ainsi de finir à la décharge. Il s'agit par exemple de faire un plancher avec du bois provenant d'une vieille grange, ou d'intégrer dans une nouvelle construction les briques d'un ancien mur, après élimination des restes de mortier. Dans la pratique, la récupération est onéreuse car elle requiert un surcroît d'énergie, de travail et de certifications. Cela révèle la nécessité de politiques, d'infrastructures et d'une logistique *ad hoc*.

6   DÉMONTAGE/REMONTAGE

Le bâtiment est conçu pour que l'on puisse en démonter plus tard certaines parties, de façon à les réutiliser dans de nouvelles constructions. Cette démarche, plus réfléchie que les pratiques actuelles, demande un degré élevé d'ingénierie, ainsi que des matériaux et composantes aux dimensions standardisées, ce qui n'existe pas partout. Autre inconvénient, cette solution incite à considérer les bâtiments comme éphémères. Elle réduit certes les émissions de carbone, mais seulement à condition que les éléments démontés soient effectivement incorporés ailleurs.

PERPÉTUATION

Conserver et entretenir un bâtiment, au lieu de le démolir, évite de gaspiller le carbone qui est entré dans sa construction et ne crée pas d'émissions supplémentaires. On permet ainsi à des sites de rester utilisables, sans danger pour la santé des êtres vivants. En quelque sorte, perpétuer, c'est attendre.

7   RECOUVREMENT DE SOLS CONTAMINÉS

Pratique couramment employée pour isoler les sols afin d'éviter que les polluants qu'ils contiennent se répandent ou que des personnes ou des animaux se contaminent par contact direct. Si ce procédé peut déboucher sur de nouvelles utilisations du terrain, il n'améliore pas la qualité du sol.

8   RÉEMPLOI

« Réemployer », c'est « employer », tout simplement. Le réemploi consiste à redonner à un immeuble son mode de fonctionnement après une interruption, due par exemple à un changement de propriétaire ou à une période d'inoccupation. Pour que le bâtiment puisse retrouver ses fonctions complètes après réouverture, il doit faire l'objet d'attention et de réparations. Avec le réemploi, l'identité de la construction d'origine reste évidente.

9   CONSERVATION

De façon générale, conserver, c'est sauvegarder. Mais pour un bâtiment, l'un n'implique pas nécessairement l'autre. Il peut s'agir simplement d'en interrompre l'utilisation – sans le démolir ni le laisser tomber en ruine –, de façon à permettre une transformation ultérieure. Appliquée à un terrain, une stratégie de conservation demande un plan général de gestion. On suspend alors l'exploitation du site.

10   UTILISATION INVENTIVE TEMPORAIRE

Utilisation d'immeubles ou d'espaces urbains pendant une période donnée, en attendant qu'ils soient prêts pour une nouvelle occupation à long terme, au lieu de les laisser vacants de façon prolongée. Cela évite un surcroît de pollution au carbone et favorise l'inventivité et les réalisations collectives. Dans la pratique, il faut pour cela des partenariats entre le secteur privé ou le secteur public et les prestataires de services.

11   PRÉSERVATION

Restitution d'un bâtiment à un état précédent. Cependant, à la différence de la réhabilitation, la restauration est soumise à de stricts codes et règles de conformité, garantissant une fidélité à l'aspect de la construction d'origine et à ses matériaux. Elle répond à une volonté intellectuelle ou nostalgique d'honorer et de perpétuer le passé. Le classement du bâtiment lui confère une éventuelle valeur culturelle, mais pas forcément financière, même s'il augmente souvent celle des propriétés voisines.

12   RESTAURATION

Restitution d'un bâtiment à un état précédent, sans forcément assurer une exactitude historique. La réhabilitation a surtout pour but de le moderniser tout en préservant son identité. Concernant un paysage ou une zone urbaine, cela consiste à enrayer un déclin environnemental et à restituer une valeur écologique, même sans revenir à l'écosystème d'origine.

VALORISATION

La valorisation modifie une construction ou une zone urbaine en lui apportant une valeur ajoutée, parce qu'on l'agrandit, qu'on lui confère un surcroît de qualité ou qu'on la rend apte à un usage plus utile ou recherché.

13 ADAPTATION

Ce processus de grande envergure consiste à intervenir sur une ville ou sur un paysage pour remédier à des dégâts dus par exemple à la pollution industrielle ou au changement climatique, et à anticiper de nouvelles interventions. Lorsqu'il s'agit de sols contaminés, une adaptation n'est possible qu'après recouvrement ou remédiation. L'adaptation au changement climatique implique de modifier des systèmes de façon à en atténuer les conséquences négatives et à protéger les populations, les écosystèmes et les économies.

14 REMÉDIATION

La remédiation ou dépollution consiste à enrayer ou à réparer les nuisances environnementales affectant un site.

15 PHYTOREMÉDIATION

Remédiation exercée à l'aide d'arbres ou d'autres végétaux vivants.

16 REMPLOI

Réutilisation d'éléments identifiables issus de structures existantes pour en créer de nouvelles. Les historiens y voient tantôt une forme de saccage ou de pillage, tantôt une intelligente réaffectation de sculptures, les spolia. Une fois incorporés dans la nouvelle structure, les spolia conservent au moins une partie de leur valeur historique. S'ils ajoutent une valeur esthétique au bâtiment, il y a surcyclage.

17 SOUSTRACTION

Retrait d'éléments d'une construction de telle sorte que celle-ci y gagne en utilité ou en valeur. Cette opération peut se réaliser en toute fidélité envers l'auteur premier, au point de passer parfois inaperçue. Elle passe par l'étude des dessins d'origine afin d'améliorer le bâtiment tout en respectant l'intention de départ.

18 RÉEMPLOI ADAPTATIF

L'adaptation d'un bâtiment à un nouvel usage n'implique pas nécessairement d'en modifier l'architecture. Si cette nouvelle affectation lui donne une plus grande valeur (de manière symbolique ou financière, ou parce qu'il y gagne en capacité), il y a eu surcyclage. Un exemple en est la conversion d'un entrepôt en musée.

19 EXTENSION

Ajout apporté à une construction, de manière visible de l'extérieur, pour en augmenter la superficie et les capacités ou pour lui conférer des fonctions supplémentaires.

20 JUMELAGE

Approche qui, en laissant intact le bâtiment d'origine, lui en adjoint un autre, de forme et de dimensions identiques ou voisines, afin d'abriter de nouvelles fonctions programmatiques. L'architecte peut ainsi exprimer à la fois sa préoccupation pour l'ancien et sa liberté de création, à l'aide de matériaux contemporains reflétant sa sensibilité.

21 GREFFE

Pratique analogue à la méthode horticole consistant à implanter un végétal sur un autre afin de créer un individu qui réunisse leurs qualités respectives. La greffe apporte une nouvelle vie à des bâtiments ou zones urbaines, sous la forme d'extensions bien pensées. Elle conserve les éléments les plus robustes de l'original (le porte-greffe), sans accroître son empreinte carbone. Les extensions (les greffons), imbriquées dans l'original, en élargissent les fonctions ou en améliorent l'esthétique. Une greffe architecturale ou urbaine doit s'intégrer dans le bâtiment ou le secteur existant, tout en leur apportant de l'attrait et de l'inventivité. Des parties ou vestiges de l'original demeurent présents, sur le plan visuel ou programmatique.

BIBLIOGRAPHIE

SOIN

Haraway, Donna J., *Vivre avec le trouble*, traduit de l'anglais par Vivien García, Éditions des mondes à faire, Vaux-en-Velin, 2020.

Puig de La Bellacasa, Maria, *Matters of Care: Speculative Ethics in More Than Human Worlds*, University of Minnesota Press, Minneapolis, 2017.

CHANGEMENT CLIMATIQUE

Commoner, Barry, *L'Encerclement*, traduit de l'américain par Guy Durand, Le Seuil, Paris, 1972.

Cronon, William, *Nature's Metropolis: Chicago and the Great West*, W. W. Norton & Company, New York, 1992.

Iturbe, Elisa (dir.), « Overcoming Carbon Form », *Log*, n° 47, automne 2019.

Groupe d'experts intergouvernemental du climat (GIEC), 2022 : *Climate Change 2022: Impacts, Adaptation, and Vulnerability*. Contribution du groupe de travail II au sixième rapport d'évaluation du GIEC (en anglais) Cambridge University Press, Cambridge, et New York, 3056 p., doi:10.1017/9781009325844, juin 2023.

Kolbert, Elizabeth, *La sixième extinction : comment l'homme détruit la vie*, traduit de l'anglais (États-Unis) par Marcel Blanc, Librairie Vuibert, Paris, 2015.

Latour, Bruno et Weibel, Peter (dir.), *Critical Zones: The Science and Politics of Landing on Earth*, MIT Press, Cambridge (Massachusetts), 2020.

Latour, Bruno, *Nous n'avons jamais été modernes – Essai d'anthropologie symétrique*, La Découverte, Paris, 1993.

CONSTRUCTION

Moe, Kiel, *Unless: The Seagram Building Construction Ecology*, Actar Publishers, New York, 2021.

Rahm, Philippe et Labasse, Alexandre, *Histoire naturelle de l'architecture*, Pavillon de l'Arsenal, Paris, 2020.

Ruby, Ilka et Andreas, et Janson, Nathalie, *The Economy of Sustainable Construction*, Ruby Press, Berlin, 2014.

Frisch, Karl von, *Architecture animale*, traduit de l'allemand par Paul Kessler, Albin Michel, Paris, 1975.

ECOSYSTÈMES

Forman, Richard T., *Land Mosaics: The Ecology of Landscapes and Regions*, Cambridge University Press, Cambridge, 1995.

Kimmerer, Robin Wall, *Tresser les herbes sacrées : sagesse ancestrale, science et enseignement des plantes*, traduit de l'anglais (États-Unis) par Véronique Minder, Le Lotus et l'Éléphant, Vanves, 2021.

Leopold, Aldo, *Almanach d'un comté des sables*, traduit de l'anglais (États-Unis) par Anna Gibson, Aubier, Paris, 1995. Première publication en 1949.

Thompson, D'Arcy Wentworth, *On Growth and Form: The Complete Revised Edition*, Dover Publications, Mineola, 1992.

JUSTICE ENVIRONNEMENTALE

Teschner, Amy et Day, Robyn, *Petcoke: Tracing Dirty Energy*, Museum of Contemporary Photography, Columbia College Chicago, 2016.

Wells, Christopher W. (dir.), *Environmental Justice in Postwar America: A Documentary Reader*, University of Washington Press, Seattle, 2018.

GREFFE HORTICOLE

Baltet, Charles, *L'Art de Greffer*, Victor Masson et Fils, Paris, 1869.

Lawson, William, *A New Orchard and Garden, or The Best Way for Planting, Grafting and to Make Any Ground Good for a Rich Orchard; Particularly in the North Parts of England*, Roger Jackson, Londres, 1618 pour la première édition.

Mascall, Leonard, *The Countryman's Recreation, or the Art of Planting, Graffing and Gardening*, Londres, 1596 pour la première édition.

Mudge, Ken, Janick, Jules, Scofield, Steven, et Goldschmidt, Eliezer E., sous la dir. de Jules Janick, « A History of Grafting », *Horticultural Reviews* volume 35, p. 437-493, John Wiley & Sons, Hoboken, 2009.

The Expert Gardener, or, A Treatise Containing Certaine Necessary, Secret and Ordinary Knowledges in Grafting and Gardening, William Hunt, Londres, 1654.

RÉEMPLOI

Brilliant, Richard et Kinney, Dale (dir.), *Reuse Value: Spolia and Appropriation in Art and Architecture from Constantine to Sherrie Levine*, Ashgate Publishing, Ltd., Farnham, 2011.

Ciorra, Pippo, *Re-Cycle: Strategies for Architecture, City, and Planet*, Mondadori Electa, Milan, 2011.

Gang, Jeanne, *Mining the City*, suite de trois conférences, University of Chicago Berlin Lectures, Chicago, avril 2018.

Marini, Sara, et Corbellini, Giovanni (dir.), *Recycled Theory: Dizionario illustrato/Illustrated Dictionary*, Quodlibet, Macerata, 2016.

FORÊTS, ARBRES ET BOIS

Forsythe, Adrian et Miyata, Ken, *Tropical Nature: Life and Death in the Rain Forests of Central and South America*, 1re édition Touchstone, New York, 1995.

Ibañez, Daniel, Hutton, Jane et Moe, Kiel (dir.), *Wood Urbanism: From the Molecular to the Territorial*, Actar, New York, 2019.

International Mass Timber Report, Forest Business Network, 2022.

McEvoy, Thomas J., *Positive Impact Forestry: A Sustainable Approach to Managing Woodlands*, Island Press, Washington, 2004.

Wohlleben, Peter, *La vie secrète des arbres*, traduit de l'allemand par Corinne Tresca, Les Arènes, Paris, 2017.

GASPILLAGE ET DÉCHETS

Abramson, Daniel M., *Obsolescence: An Architectural History*, University of Chicago Press, Chicago, 2016.

Berger, Alan, *Drosscape: Wasting Land in Urban America*, Princeton Architectural Press, New York, 2017.

Douglas, Mary, *De la souillure – Essai sur les notions de pollution et de tabou*, traduit de l'anglais par Anne Perrin, préface de Luc de Heusch, F. Maspero, Paris, 1981.

BIOGRAPHIE DE L'AUTRICE

L'architecte américaine Jeanne Gang a fondé et dirige Studio Gang, agence internationale d'architecture et de design urbain établie à Chicago, avec des bureaux à New York, San Francisco et Paris. S'éloignant des courants purement formalistes, où il s'agit de donner forme à des projets indépendamment de leur environnement, elle est inspirée par les états spécifiques des choses, et par leurs relations. Elle s'applique, à travers ses créations, à faire une architecture qui renforce les liens entre les personnes, leurs communautés, et la nature qui les entoure. Observant les systèmes écologiques, elle réalise une alliance inédite d'art et de science pour créer des lieux où chacun peut faire l'expérience de l'émerveillement face au surgissement inattendu de la beauté.

Ses réalisations architecturales, tout comme ses productions intellectuelles et culturelles, ont fait d'elle une des architectes les plus en vue de sa génération. Récompensée pour des projets d'échelles et de types très différents, elle se concentre de plus en plus sur la recherche de réponses à la crise climatique, tant par le réemploi adaptatif et la rénovation de bâtiments que par la revitalisation des environnements urbains en partenariat avec leurs habitants. Parmi ses principales constructions achevées, on recense des extensions de musées, comme récemment celles du musée des Beaux-Arts de l'Arkansas et du Centre Richard Gilder pour la science, l'éducation et l'innovation du Musée américain d'histoire naturelle de New York ; des espaces citoyens et éducatifs comme le parc Tom Lee, la Centrale de l'université de Beloit, et l'Arcus Center for Social Justice Leadership. Parmi les projets en cours ou à venir : la nouvelle ambassade des États-Unis à Brasilia, le nouveau centre parisien de l'université de Chicago, l'extension du Centre présidentiel Clinton à Little Rock, Arkansas, et les locaux de la faculté pour la durabilité de l'université de Palo Alto en Californie.

En parallèle, Jeanne Gang est professeure à la Harvard Graduate School of Design, où elle a elle-même étudié. Son enseignement et ses recherches y explorent les domaines de la résilience et du réemploi. Elle est l'auteure de trois livres sur l'architecture et a publié des essais dans des magazines comme *L'Architecture d'Aujourd'hui*, *Domus*, *The Plan* ou *Perspecta*. Le dernier ouvrage sur ses réalisations est la monographie *Studio Gang : Architecture*, publié en anglais et en français chez Phaidon.

REMERCIEMENTS

Ce livre est issu d'idées développées dans l'expérience pratique, la recherche et l'enseignement pendant les quinze dernières années, et de convictions dont les racines sont encore plus anciennes. Comme les plantes greffées, les idées ont besoin pour s'épanouir de porte-greffes solides et d'un environnement enrichissant.

Certaines collaborations ont été essentielles au mûrissement de ce livre. Je pense tout spécialement à Alissa Anderson : sans son enthousiasme pour le sujet et sans ses mots affûtés, nous n'aurions pas pu clore ces chapitres. Ce sont aussi les collaborations avec mes talentueux collègues de Studio Gang, ainsi qu'avec mes partenaires et mes différentes équipes, qui ont permis bien des découvertes citées ici. D'autres membres de notre collectif ont participé par leurs recherches ou leurs talents graphiques. Ce sont surtout Andi Altenbach, Peter Heppel, Juliette Zidek, Caroline Acheatel, Lydia Link, Laura Ettedui, Shriya Ravishankar, Lara Kaufman, Magdelis Santos, Sarah Athena Beauchamp Evdokias, Enrique Orts Costa, Francesca Johanson, Chris Bennett, Courtney Arabea, Leia Gorra et Maddox Townsend. Je remercie chacun d'eux du fond du cœur.

Ma grande reconnaissance va aussi à ma sage et attentive éditrice chez Park Books, Julie Cirelli, ainsi qu'à Thomas Kramer et à toute la merveilleuse équipe de Park Books. Marina Brugger et Marco Walser, d'Elektrosmog, ont prêté une grande élégance au traitement des images et des textes. Je remercie aussi chaleureusement Céline Grimault et Marie-Christine Guyon pour le soin apporté à leur traduction du texte en français, ainsi que Lou Potier et Hunter Wilson-Burke de TELOS Adaptation pour leur engagement à faire de la traduction un succès.

Un milieu favorable fournit l'environnement idéal pour des échanges fructueux. J'ai eu la chance de rencontrer des consœurs et confrères à la Harvard Graduate School of Design, comme Mohsen Mostafavi, Sarah Whiting, Mark Lee et Grace La, sous la direction desquels j'ai cultivé les conditions nécessaires à l'épanouissement des idées. Le soutien de mon confrère Antoine Picon a été particulièrement utile et apprécié. Pendant mes ateliers à la GSD, j'ai eu l'heureuse fortune d'être assistée de Claire Cahan, Anika Schwarzwald et Aria Griffin ; chacune a apporté aux cours son point de vue spécifique. Le zèle et l'imagination de nos élèves, assistants enseignants et stagiaires d'été, et les exceptionnelles contributions de nos intervenants extérieurs et critiques ont encore enrichi ces thématiques et m'ont transmis leur désir d'utiliser notre métier pour améliorer le monde.

Travailler en France m'a aidée à prendre conscience que le réemploi et l'adaptation, même pratiqués avec expertise et style, gagnent à être soutenus par une solide approche intellectuelle. Pour leurs commentaires très stimulants sur une version antérieure de ce texte, je veux exprimer ma profonde reconnaissance à mes confrères à l'École Spéciale d'Architecture de Paris : Frank Salama, Bernard Delage, Antonio Lazo, et Paul Hardy, qui a mis le doigt sur l'importance pour la greffe d'être flexible dans l'avenir. Les remarques judicieuses de Catherine Sabbah ont aussi beaucoup aidé à faire évoluer cette version primitive du texte vers le livre que vous avez entre les mains.

De nombreux experts de différents domaines de recherche ont généreusement donné de leur temps et partagé leurs connaissances. Je suis particulièrement reconnaissante pour leur implication à Sean Halloran, des Jardins botaniques de l'université de Wellesley, Kevin Hsu de Sterling, Patricia Layton de l'université de Clemson, Henry Quesada de l'université Purdue, Arjit Sinha de l'université d'État de l'Oregon, et Ron Zalesny, de l'Office des Forêts des États-Unis. Je suis aussi reconnaissante à ceux qui, dès les débuts du projet, ont aidé Studio Gang à poser les bases de la *Bark Belt* chez nous à Chicago : Robert Gertner, Bryan Richman, Jinyuan Jacky Zhang et Eric Budish de l'université de Chicago, ainsi que Nicole Chavas de Greenprint Partners, Maggie Cassidy, du département de l'urbanisme de la municipalité de Chicago, et Joe van Dyk et Margaret Decker, de la South Suburban Land Bank and Development Authority. Nous avons hâte de faire grandir ce groupe, pour qu'il devienne un écosystème complet de partenaires, accompagnant l'enracinement de la forêt urbaine !

Initialement, ma réflexion a été soutenue par ceux qui ont nourri mes idées de néophyte quand elles ont commencé à éclore. Je leur en suis très reconnaissante. Ce sont surtout l'immense philosophe Bruno Latour, qui m'a profondément influencée, ainsi que mon héros local de l'activisme intellectuel, Henry Henderson, avec ses camarades du Natural Resources Defense Council.

Enfin, ce livre n'aurait jamais été possible sans la sensibilité et l'attention au monde que m'ont transmise mes parents, et qui a prospéré chez mes sœurs et dans notre famille, en particulier chez mon compagnon, Mark Schendel. Je leur serai toujours redevable de leurs encouragements et de leur soutien essentiel à chaque étape de ce projet.

CRÉDITS PROJETS STUDIO GANG

MUSÉE DES BEAUX-ARTS DE L'ARKANSAS

Jeanne Gang, Margaret Cavenagh, Angela Peckham et Juliane Wolf, assistées de Paige Adams, Jill Doran, Emily Licht, AJ Rosales, Mark Schendel, David Swain, Rolf Temesvari, Peter Yi et Wen Zhou.

Maître d'ouvrage : Arkansas Museum of Fine Arts. Architecte associé : Polk Stanley Wilcox. Ingénieurs : Thornton Tomasetti (structure) ; dbHMS (fluides/prévention sécurité incendie) ; McClelland Consulting Engineers (génie civil). Architecte paysagiste : SCAPE. Gestion de projet : Ascent. Consultants : Arup (acoustique/auditoriums/AV) ; dbHMS (durabilité) ; LKL (éclairage). Entreprise de construction : Nabholz Pepper Doyne Construction Company, LLC.

CENTRALE DE L'UNIVERSITÉ DE BELOIT

Jeanne Gang, Maciej Kaczynski et Juliane Wolf, assistés de Paige Adams, Juan de la Mora, John Dolci, Kristina Eldrenkamp, William Emmick, Johanna Faust, Jay Hoffman, Corbin Keech, Will Lambeth, Michael Leaveck, Melissa Long, Jessica Mills, Roger Molina-Vera, Micheal Nham, Gabrielle Poirier, Mark Schendel, Schuyler Smith, Harry Soenksen, Rolf Temesvari, Michael Vallera, Coco van Egeraat, Olesya Vodenicharska, Michan Walker, Kimberly Workman, Hubert Yang et Peter Zuroweste.

Maître d'ouvrage : Beloit College. Ingénieurs : R.H. Batterman & Co. (civil) ; Angus Young Associates (fluides, structure, prévention sécurité incendie) ; dbHMS (éclairage et mécanique/environnement). Architecte paysagiste : Applied Ecological Services. Consultants : Threshold (acoustique et AV) ; SPAN (signalétique, orientation) ; Ramaker & Associates (piscine) ; Hastings+Chivetta Architects. (design sports et loisirs) ; True North Consulting Group (informatique) ; Dharam Consulting (coût) ; Angus Young Associates (qualité environnementale des bâtiments et commissionnement). Entreprise de construction : Corporate Contractors, Inc.

CENTRE DE RECHERCHE ET D'INNOVATION BIOMÉDICALES, NEW YORK INSTITUTE OF TECHNOLOGY

Jeanne Gang, Julcsi Futo et Weston Walker, assistés de Austin Chod, Anu Leinonen, Shuping Liu, Sasha Pfeiffer, Andrea Rovetta, Melissa Swick, Art Terry et Shunfan Zheng. Maître d'ouvrage : New York Institute of Technology. Mandataire du propriétaire : Zubatkin, LLC. Architecte associé : Bentel and Bentel. Architecte labo : Jacobs. Ingénieurs : Arup (structure) ; Buro Happold (fluides/envelope/éclairage) ; Sherwood Engineers (civil). Consultants : Atelier Ten (durabilité) ; Joe James Landscape (paysagiste) ; Shen Milsom+Wilke (AV/TI/sécurité) ; LSTN (acoustique).

CENTRE RICHARD GILDER POUR LA SCIENCE, L'ÉDUCATION ET L'INNOVATION, AMERICAN MUSEUM OF NATURAL HISTORY

Jeanne Gang, Ana Flor Ortiz, Anu Leinonen, Anika Schwarzwald et Weston Walker, assistés de Paige Adams, Franco Bolanos, Claire Cahan, John Castro, Margaret Cavenagh, Juan de la Mora, Natalya Egon, Elif Erez, Dimitra Gelagoti, Spencer Hayden, Chris Vant Hoff, Jay Hoffman, Maciej Kaczynski, Wei-Ju Lai, Will Lambeth, Bethany Mahre, Andrew McGee, Gabrielle Poirier, Mark Schendel, Stanley Schultz, Schuyler Smith, Katie Stranix, Arthur Terry, Magda Wala et Peter Zuroweste.

Maître d'ouvrage : American Museum of Natural History. Mandataire du propriétaire : Zubatkin, LLC. Architecte opérationnel : Davis Brody Bond. Muséographie : Ralph Appelbaum Associates. Ingénieurs : Arup (structure/acoustique/AV) ; Buro Happold (fluides/prévention sécurité incendie/façade) ; Langan (géotechnique/civil). Paysagiste : Reed Hilderbrand. Signalétique : Pentagram. Scénographie : Tamschick Media+Space avec Boris Micka Associates. Éclairage muséal : Clinard Design Studio, AMNH Exhibition. Architecture intérieure des restaurants : Bergen Street Studios. Consultants : Atelier Ten (durabilité) ; Renfro Design Group (éclairage architectural) ; Uhuru (décoration des restaurants) ; Simpson Gumpertz & Heger (codage) ; Shen Milson Wilke (TI) ; Ducibella Venter Santore (sécurité) ; Yui Design (cuisiniste) ; Cost Plus (estimation des coûts) ; Vincent Marazita (pierre) ; Higgins Quasebarth (conservation) ; Walter Crimm Associates (collections/labos) ; Space-Smith (intérieurs) ; Van Deusen & Associates (transport vertical) ; Kleinfelder (quai de chargement) ; TeeCom, Peter Hylenski Sound Design (audiovisuel auditorium) ; WJE (imperméabilisation) ; DVS (sécurité) ; MBE Code & Zoning LLC (conseil réglementaire et ordonnancement) ; Stone Trends International (spécialiste de la pierre) ; Leaf House (animaux vivants) ; Altieri (CVC animaux vivants). Entreprise de construction : AECOM Tishman.

ESCALIER DE LA 169E RUE POUR L'ÉTUDE « NEIGHBORHOOD ACTIVATION » DU MAYOR'S OFFICE OF CRIMINAL JUSTICE (VILLE DE NEW YORK)

Jeanne Gang, Abraham Bendheim, Gia Biagi, et Rodia Valladares, assistés de Weiju Lai, Teo Quintana et Lindsey Wikstrom.

Maître d'ouvrage : Mayor's Office of Criminal Justice, New York. Consultants : Hester Street (implication des habitants) ; James Lima (spécialiste économie/placemaking) ; Presence Health (analyse des données) ; Mindy Fullilove (spécialiste santé mentale) ; Stacey Barrenger (spécialiste justice pénale) ; Arup (durabilité/sécurité/éclairage/circulation) ; Toscano Clements Taylor (estimation de coûts) ; ICOR (mécanique).

GARDEN IN THE MACHINE

Jeanne Gang, Claire Cahan et Jeana Ripple, assistées de Stephen Claeys, Juan de la Mora, William Emmick, Colin Gast, Jay Hoffman, Thorsten Johann, Boryana Marcheva, Schuyler Smith, Katrina Stoll, Weston Walker et Beth Zacherle.

Organisme commanditaire : MoMA. Commissaires de l'exposition *Foreclosed: Rehousing the American Dream* : Barry Bergdoll assisté de Reinhold Martin. Collaborateurs : Greg Lindsay ; Roberta M. Feldman, Nathan Carley, Jane Sloss, Steven Smutney (logement, politiques publiques) ; Theaster Gates (artiste, développeur culturel) ; SCAPE (paysage) ; Rafi Segal (urbanisme) ; Arup (gestion de l'eau) ; Spirit of Space (vidéo) ; Applied Ecological Services (écologie) ; Magnusson Klemencic Associates (structure) ; Karl Dayson, Michael Bodaken, Andy Slettebak, Abby Jo Sigal, Christopher Leinberger, Topher L. McDougal (finances) ; Interfaith Leadership Project of Cicero and Berwyn ; Cicero Town Hall ; Northwestern Transportation Center Sandhouse Gang ; Center for Neighborhood Technology ; BNSF Railway Company ; Alaka Wali.

HÔPITAL POUR FEMMES PRENTICE

Jeanne Gang assistée de Jay Hoffman.

Collaborateur : Ron Klemencic, Magnusson Klemencic Associates.

IMMEUBLE DE BUREAUX CB3

Jeanne Gang et Ana Flor Ortiz, assistées de Jay Hoffman, Anissa Le Scornet, Julien Roy et Rodia Valladares.

Maîtres d'ouvrage : Nexity et Aliuta. Architecte associé : SRA Architectes.

OMBRIÈRE GREFFÉE

Jeanne Gang, Peter Heppel, Schuyler Smith et Juliette Zidek, assistés de Lydia Link et Evan Wermers.

Fabricant : Eventscape. Ingénieur structures : Thornton Tomasetti.

PARC TOM LEE

Jeanne Gang, Chris Bennett, Gia Biagi et Thorsten Johann, assistés de Caroline Acheatel, Chase Jordan, Lydia Link, Ensonn Morris Jr., Tim Shouder, Schuyler Smith et Aurelien Tsemo.

Maître d'ouvrage : Memphis River Parks Partnership. Architecte paysagiste : SCAPE. Ingénieurs : Kimley-Horn (civil) ; Thornton Tomasetti (structures) ; Innovative Engineering Services (fluides). Consultants : Applied Ecological Services (écologie) ; DataBased+ (durabilité) ; Randy Burkett (création éclairage). Artiste et innovateur social pour « A Monument to Listening » : Theaster Gates. Entreprise de construction : Montgomery Martin Contractors.

CRÉDITS ICONOGRAPHIQUES

Sauf mention contraire, tous les schémas sont de Jeanne Gang, reproduits avec son aimable autorisation, © Jeanne Gang.
Sauf mention contraire, toutes les images sont reproduites avec l'aimable autorisation de Studio Gang, © Studio Gang.

p. 24 En haut : Rotor
En bas : Kirsten Dirksen / Faircompanies Productions
p. 26 En haut : Foto Archivio Storico Luce
En bas : Laurent Chalet pour The Hyatt Foundation / Pritzker Architecture Prize
p. 38 Musée Marmottan Monet
p. 40 En haut : Réimpression d'après *Current Biology*, 25, n°5, Melnyk et Meyerowitz, « Plant Grafting », R183-188, Copyright 2015, avec l'autorisation d'Elsevier.
p. 54 En haut à gauche : succession Bertrand Goldberg
En bas à gauche : Ryerson and Burnham Archives, Art Institute of Chicago
p. 56 Iwan Baan
p. 57 En haut : Iwan Baan
En bas : Iwan Baan
p. 58 En bas : Google Maps
p. 59 En haut à gauche : Iwan Baan
En haut à droite : Iwan Baan
p. 69 Iwan Baan
p. 73 En haut : Alvaro Keding / © American Museum of Natural History
En bas : Alvaro Keding / © American Museum of Natural History
p. 78 Avec l'autorisation du FCIT
p. 88 En haut : Tom Harris
p. 96 Plan historique
p. 100 En haut : Illinois Institute of Technology
En bas : Chicago History Museum ; ICHi-2943 ; Wallace Kirkland
p. 104 En haut à gauche : iStock.com/mrak_hr
En haut à droite : iStock.com/MikePax
En bas : Ciro Miguel
p. 107 En haut : Tom Harris
p. 108 En haut : Tom Harris
p. 110 En haut : Tom Harris
En bas : Dipper Historic / Alamy
p. 111 Connor Ryan / Memphis River Parks Partnership
p. 113 En haut : Ed Alvarez / New York City Mayor's Office of Criminal Justice
p. 114 En haut : Tom Harris
p. 115 En bas : avec l'autorisation de l'université de Beloit
p. 116 En haut : Tom Harris
En bas : Tom Harris
p. 118 En haut : Tom Harris
p. 119 En haut à gauche : Tom Harris
En haut à droite : Tom Harris
p. 121 En bas : Spirit of Space
p. 123 En haut : James Ewing Photography
p. 136 En haut : World History Archive / Alamy Stock Photo
En bas : World History Archive / Alamy Stock Photo
p. 138 Claudy Jolivet
p. 142 En haut : Feria de Productores
En bas : © Frank Vaisvilas – USA TODAY NETWORK
p. 148 Erwin Lichtenegger et Lore Kutschera / Wageningen University & Research Image Collections
p. 156 En haut : Newberry Library ; Harper's Weekly
En bas : APT Building Technology Heritage Library, National Lumber Manufacturers Association

Pages de garde :
Brewster Home Fashions

4ᵉ de couverture :
Gravure sur bois, *in* Leonard Mascall, *A booke of the arte and maner, howe to plant and graffe all sortes of trees, howe to set stones, and sowe pepines, to make wylde trees to graffe on, as also remedies and medicines*, 1ʳᵉ édition 1572.